歪む社会

歴史修正主義の台頭と虚妄の愛国に抗う

安田浩一
倉橋耕平

論創社

他人から学んだだけにすぎない真理は、我々に付着しているだけで、義手義足、入歯や蠟《ろう》の鼻か、あるいはせいぜい他の肉を利用して整形鼻術がつくった鼻のようなものにすぎないが、自分で考えた結果獲得した真理は生きた手足のようなもので、それだけが真に我々のものなのである。

（ショウペンハウエル『読書について　他二篇』斉藤忍随訳、岩波文庫より）

はじめに　倉橋耕平

「対談」とはどのような「知」の使い方だろうか。

西洋哲学の方法論の基本は、「論証」「概念分析」「対話」である。そのうち、「対話」とは互いが持つ知識や考え方を付きあわせて、一般的な信念や常識を疑ってみること、そしてこのことは、議論の高みを目指すための知性の使い方であると言える。おそらく、今回の対談はまさに「対話」というかたちが実現されたものであったように思う。

本書は、ジャーナリストの安田浩一さんと倉橋が、現代日本の「右派現象」をめぐって、お互いの視角から検証することを目的として、時間を共有した記録である。二〇一八年に私は『歴史修正主義とサブカルチャー』（青弓社）を、安田さんは『「右翼」の戦後史』（講談社現代新書）を上梓した。幸せなことに両著作とも多くの人の手にとってもらえた。

拙著では、一九九〇年代以降に右派論壇で展開される歴史修正主義が、（歴史学を扱う学術出版ではなく）商業出版、サブカルチャー、メディア文化を通して拡散したことを検討した。他方、安田さんの著作は、足を使って右翼の生き証人への取材を元に、右翼の歩みを検討したものだった。

そうした、本を書くための検討方法が異なる二人が、それぞれ研究者とジャーナリストという立場から現代社会における右派について対話したときに見えてくるものは何か、というのがこの本の趣旨である。森友・加計学園問題と財務省の公文書改ざん、憲法改正論議、ネット右翼、ヘイトスピーチ、そして沖縄知事選のデマなど、現代右派の横暴はとどまるところを知らない。

本書の対談のなかにあるように、いわゆる「ネット右翼」と呼ばれる人たちの数は読者のみなさんが思っているほど多くない（第二章参照）。しかし、社会状況を見れば、政治家が歴史修正主義的な発言をし、マイノリティへのバッシングを繰りかえしている。また、書店に行けば、根拠の怪しい嫌韓本や嫌中本などがベストセラーとなっており、現代右派の言説に触れる機会はむしろ増しているのではないだろうか。すなわち、メディア産業といまの右派言説の状況はリンクしているのだ。

こうしたアクチュアルな対象を、現場からの観察と文化研究の観察によって解きあかしていこうとするのが、本書の特徴でもある。それは、対話形式の著作が持つ「速度」の強みのひとつだ。

安田さんとの対談のなかで印象深かったのは、「現在の右派の特徴は言葉が軽い」という認識を共有したことである（一八〇ページを参照）。体制に対する批判のために扱われる「ヘイト」「差別」「特権」という言葉が、翻って抑圧者であるマジョリティ側に簒奪《さんだつ》されてしまっている状況がある。

「日本人ヘイト」「日本人差別」「男性差別」「在日特権」などの言葉がネットに溢れている。

あるいは、天皇を「左翼」だと言ってみたり、保守を「メンテナンス」だと説明してみたり、文脈を断絶した言葉の使用事例は枚挙にいとまがない。もちろん、これらは意味レベルで言語の使い方を誤っている。しかしそれ以上に、なぜマジョリティが被害者として自分を位置づけられるのか。ここに、マジョリティとマイノリティをめぐる歴史文脈が共有されていないという、歴史軽視の志向があらわれているように思われてならない。マジョリティが被害者に見えてしまうような論理や認識は、やはり「歴史の否定」に基づくのではないか。

差別には必ず「歴史性」が伴う。しかし、歴史を無視して関係性を平等・フラットに見たときに、少しでも自分のほうが虐げられているように思えば、マジョリティであろうがなんだろうが「差別」だということになるのだろう。だが、それは不誠実なものの捉え方にほかならず、いわゆる「現代的レイシズム」である。そして、自身を正当化し、他者を攻撃するために都合のよい言葉を探し、使う。だから「言葉が軽い」のだ、と私は思う。

しかし、大事なことは、現状を批判的に捉えるだけにとどまらず、なぜこのような事態に至ったのかという視点である。そのために必要なことは、他者を退けるものではなく、他者を知ろうとするための知性の使い方である。言葉はそのためにあるし、安田さんと私はそうした関心を持ちつづけ、取材・調査・著作活動に向きあっている。

この対談もそうだ。対話のなかで言葉をつくして他者を知ろうとすることこそ、いま必要なことではないだろうか。なぜなら、私たちはいま、インターネットのアルゴリズムによって知りたいことだけを知り、見たいものだけを見ることのできる環境にあるからだ。その環境は社会を「分断」し、知性を閉じていく。言葉と知性は、その先の大海に面しているにもかかわらず。

本書の対談は、二〇一八年の七月から九月にわたって、三回おこなわれた。安田さんと共有した時間はスリリングで、私にとってかけがえのないものになった。一回目と二回目の対談のあいだにTBSラジオ「荻上チキ・session-22」で共演したことも思い出深い。安田さんはいつも熱く、問題意識がほとばしっていて、毅然とした姿勢で差別や人権問題に斬りこんでいく。豊富な知識と行動力を持つジャーナリストの姿を間近で見せていただいて、とても勉強になった。

本書で私たちが話したことが、現代日本の右派と政治・社会状況をめぐる理解への一助となればうれしい。また、私自身もまだ「仮説」段階の見解を思いきって口にしている。自分の研究領野の話をして恐縮だが、本書で話題としたような右派イデオロギーとメディア文化の研究はいまだ少ない。そうした「仮説」から先に向かって研究や調査を進めようと思う人がいたなら、なおうれしい。ただし、本書における「仮説」などの不備の責任は私にある。読者の忌憚なき批判を待ちたい。

知識も経験も未熟な私をこの企画に誘ってくださった編集者の谷川茂さん、本を出してくださった論創社の森下紀夫社長、谷川さんと私をつないでくださった本田由紀さん（東京大学）、矢野未知生さん（青弓社）、そしてなにより安田浩一さん、ありがとうございました。

（二〇一八年一二月三一日）

目次

文中の敬称は省略しました。——編集部

第一章
ネット右翼は思想か？それともファッションか？

「余命三年時事日記」による弁護士懲戒請求とは何だったのか

倉橋　本書の課題は、いまの日本で絶えることのない歴史修正主義や排外主義の言説とその背景にあるものを、安田さんと僕とで検討することです。その前提として、本章ではそうした言説を信じ、拡散する「ネット右翼[★1]」とはどんな人たちなのかを見てみようと思います。

二〇一八年のネット右翼の話ですと、ブログ「余命三年時事日記[★2]」（以下、「余命ブログ」）がひどかった。「余命ブログ」が特定の弁護士の懲戒請求を呼びかけた結果、四〇〇〇人近い人びとがそれに賛同しました。懲戒請求の理由は、東京弁護士会の弁護士が「朝鮮人学校補助金支給要求声明に賛同し、その活動を推進」したというものでした。

ところが、たとえば懲戒請求を受けた佐々木亮[★3]弁護士は、東京弁護士会の朝鮮学校への補助金支給をめぐる国の対応を批判する会長声明には関わっておらず、労働問題が専門でした。そうしたこともよく調べずに大量の懲戒請求が送られてしまった。

一八年六月には、当該弁護士が懲戒請求を送った人びとに対して、裁判で損害賠償を請求しています。とはいえ、あまりにも人数が多く、訴訟のための費用も膨大となるため、弁護士側の負担は計りしれません。

「余命ブログ」は、おもに「日本再生」のためには「反日」とか「左翼」と呼ばれる人びとを排除すべきだと主張しています。同時に、いわゆるネット用語であり、デマゴーグでもある「在日特権」を盾にして、在日朝鮮人に対する嫌悪を書きちらしていま

★1…ネット右翼　本書では「ネット右翼」と「ネトウヨ」を同義として扱い、文脈によって使いわける。

★2…余命三年時事日記　余命プロジェクトチームで運営されているブログ。内容は朝鮮人に対する排外的なもの。同ブログを端緒に二〇一八年に「弁護士大量懲戒事件」が起こった。

★3…佐々木亮（1975-）　北海道出身。弁護士。日本労働弁護団常任幹事。ブラック企業被害対策弁護団代表。

★4…青林堂　一九六二年創業の出版社。名編集者の長井勝一が創業し、六四年には白土三平とともに『月刊漫画ガロ』を創刊。「ガロ系」と呼ばれる漫画家を数多く輩出するなど、日本の漫画文化の成長に貢献した。

す。さらに、朝鮮学校への補助支給をめぐる国の対応を批判する弁護士や朝日新聞（以下、朝日）への反対活動の拠点としても機能しています。

「余命ブログ」を読んでみた感想としては、第一に書かれている内容の根拠が薄いこと、第二にネット上の情報の転載が多く、どう読みこんでよいのかわかりにくい体裁を採っていること、最後になぜ質の低い情報を読んで、煽られて、自分にとって不利益になる懲戒請求などしてしまう読者がいるのか、という三点が非常に気になりました。「在日」などのキーワードを見ただけで、反射的に懲戒請求へと動いている人がいるように思えたりもします。

安田　これはネット上における〝行きすぎた事件〟ではありません。完全な差別事件です。外国人差別を背景に敵と見なした弁護士を攻撃しているだけです。

弁護士への懲戒請求を扇動しているブログ記事は、老舗の出版社・青林堂[★4]から一五年に『余命三年時事日記』という書名で書籍化されています。青林堂は白土三平の「カムイ伝」[★5]や「月刊漫画ガロ」[★6]の版元として知られていましたが、経営不振で社員の退社があいつぎ、一九九九年に現社長の蟹江幹彦[★7]が経営を引きついで以来、〝右旋回〟したと言われています。

とくに二〇〇〇年代に入ってからは、元在特会の桜井誠[★8]による著書をはじめ、差別扇動を目的とするような書籍を発行しています。ちなみに同社の編集者の一人は、後述のとおり在特会の元広報担当者でもあります。

たとえば今回、懲戒請求されたうちの一人である佐々木弁護士は、朝鮮学校の補助金

その後、数度にわたる経営者の交代を経て、二〇一一年からは「ジャパニズム」の創刊をはじめ、保守系の出版物を刊行するようになった。

★5…カムイ伝　忍者カムイを主人公にした物語で、白土三平の漫画。江戸時代の反権力や反差別をテーマにした作品で、「月刊漫画ガロ」を創刊から支えた連載であった。

★6…月刊漫画ガロ　一九六四年に長井勝一と白土三平が創刊した伝説の漫画雑誌。二〇〇二年休刊。一九九七年、青林堂の編集者らが青林工藝舎を設立し、翌年に「ガロ」を継承するかたちで「アックス」を創刊した。

問題には、まったく関わっていません。しかし、青林堂で発生した労働争議[★9]では、労働者側の弁護人を務めています。そのため、同社を支持するネット右翼層からは常にネット上で攻撃の対象となっています。今回の懲戒請求も、朝鮮学校うんぬんではなく、同社の労働争議に関わっていたという文脈でおこなわれた可能性が高い。

また、佐々木弁護士と同じく約九五〇人から懲戒請求された金竜介[★10]弁護士も、やはり朝鮮学校の補助金問題とは無関係です。僕が金弁護士に話を聞いたときには、「姓が一文字の弁護士も狙い撃ちにされたのではないか」と述べていました。実際、朝鮮学校が関連する訴訟には関わっていないのに、在日コリアンだとわかるような姓を持つ弁護士が八人も懲戒請求されています。東京弁護士会は「確信犯的犯罪行為」だと声明を発表しましたが、そのとおりでしょう。もちろん朝鮮学校に関わっていたからとしても、何も問題となるはずがない。繰りかえしますが、差別事件であり、嫌がらせです。

「余命ブログ」の言う「告発状」、すなわち懲戒請求を発送するまでのからくりは、こうなっているようです。まず、「余命ブログ」が告発状のＰＤＦファイルをネット上で配布し、賛同した人は署名・捺印したうえで指定の送り先に発送。送り先には告発状を取りまとめている人がいて、その人は一定数の告発状がたまったら弁護士会へ発送する。

倉橋　告発状を受けとって、弁護士会へ送付する作業を、同ブログからお金をもらって請けおっている人がいるようです。また、「余命ブログ」は寄付金も集めていますし、書籍による収入もあります。

安田　目的が明確ではないし、稚拙さばかりが目立つ。だが、妙にシステマチックです。

★7…蟹江幹彦（1958-）　愛知県出身。ミニコミ誌「早稲田乞食」編集長、フリーライター、CD-ROM制作会社などを経て、一九九九年から青林堂社長。

★8…桜井誠（1972-）　福岡県出身。政治活動家。日本第一党党首。元在特会会長。著書に『大嫌韓時代』、『日本第一党宣言』（以上、青林堂）など。

★9…青林堂の労働争議　二〇一四年に、入社した社員を青林堂が解雇したが、東京都労働委員会が地位保全と賃金支払いの仮処分を認め、復職した。しかし、同社員は復職後、経営陣からのパワハラを受け、適応障害となって休職に追いこまれた。その後、損害賠償と未払い給与の支払いを求めて東京地裁に提訴した。

倉橋　運営について言えば、同ブログでは運営しているのは三代目と言っています。

安田　定かではありませんが、人物はほぼ特定できていると思われます。七〇代の男性です。警察や弁護士とのやりとりを見ていると、素人ではないと思われます。「こう訴えられたら、こう切りかえす」という段取りがよくできている。引くべきところも押すべきところも知っている。公安とのやりとりも含めて。もちろん、ブログをやって、デモなどに出ているだけの人かもしれない。けれど、何かビジネスの匂いが漂う。

倉橋　個人ではなく、「余命プロジェクトチーム」という組織で運営していますね。

安田　組織で運営している可能性は高いと思います。

倉橋　三代目と言っていますが、運営は一人でない。安田さんが述べたとおり、ブログは書籍化されていて、本の奥付では「余命プロジェクトチーム」が著者になっています。書籍版では「余命ブログの前身は２０１１年、学生主体の日本人覚醒プロジェクトにはじまる。途中から初代余命が加わり、没後２０１４年からは既出記事の拡散と遺稿記事の出稿を余命プロジェクトとして引き継いできた」とあります（前掲書、「はじめに」）。

ちょうど大量懲戒請求事件が話題になる直前に『マンガ嫌韓流』の作者・山野車輪の絵で『余命三年時事漫画』（青林堂）という『余命三年時事日記』の続編が発売されています。こちらは、「フィクション」と断られたうえで描かれていますが、内容は『マンガ嫌韓流』と変わりません。

また、『余命三年時事漫画』はベストセラーになっていました。同書を読んで、「余命ブログ」のほうに移行した人たちが、かなりいるはずです。騙されやすいのは、そうい

★10…金竜介（1965-）東京都出身。弁護士。在日コリアン弁護士協会理事。

う人たちでしょう。

余命ブログの件で訴えている佐々木弁護士が、署名した人の年齢層をTwitterで公開していましたが、もっとも若い人で四三歳だったそうです。つまり、あまり若くない。四〇代、五〇代がボリュームゾーンだという話です（その後のNHKの取材では、平均年齢が五五歳でした）。

安田　僕もそのように聞きました。署名をしたのは四〇代から八〇代だった。この年齢層が「余命ブログ」のシンパであり、いわばネット右翼であるという現状は、何を物語っているのでしょうか。

ネット右翼とオンライン排外主義

倉橋　これから紹介するのは東京での調査結果です。

二〇一八年六月三〇日、樋口直人[★11]、永吉希久子[★12]、松谷満[★13]、山口智美[★14]とともに、東京でのシンポジウム「ネット右翼とは何か[★15]」に僕は登壇しました。とりわけ、永吉の「ネット右翼とは誰か」という調査報告が非常に興味深かった。同調査は、二〇一七年一二月に二〇〜七九歳の東京都市圏に住む七万人を超える人びとをウェブモニターとして調査したものです。

この調査は、ネット右翼と言われている人とオンラインで排外主義[★16]的な主張を繰りかえす人びとを分析しているのですが、結論を先に言えば、ネット右翼の多く人はオンラ

★11…樋口直人（1969-）　神奈川県出身。社会学者。徳島大学大学院准教授。徳島労働局参与も務める。著書に『日本型排外主義』（名古屋大学出版会）など。

★12…永吉希久子　大阪府出身。社会学者。東北大学大学院准教授。著書に『行動科学の統計学』（共立出版）など。

★13…松谷満　福島県出身。社会学者。中京大学准教授。共著に『終わらない被災の時間』（石風社）など。

★14…山口智美（1967-）　東京都出身。文化人類学者。モンタナ州立大学社会学・人類学部准教授。専門は文化人類学、フェミニズム、日本研究、メディア研究、ジェンダー研究。共著に

インで排外主義を主張したり、訴えているだけの人びとです。他方で、憲法九条改正、靖国参拝、愛国心教育、国旗・国歌などに賛成する伝統的な保守の考え方や政治活動に積極的に参加する傾向は持っていない。

ゆえに、保守や右翼といった思想など持たず、ネット上で排外主義的なことを書きこんだり、ヘイトデモに参加するような人をネット右翼と呼ぶわけです。永吉は、便宜上、実際に政治活動などをせず、インターネット上だけで排外主義的な書きこみをする人を「オンライン排外主義」と定義づけています。

調査によると、ネット右翼であったり、オンライン排外主義の人というのは、四〇代から五〇代に多いという数字が出ています。三〇代より下の若者は、ほとんど統計に出てきません。見事に「余命ブログ」の懲戒請求者の層と重なります。また、ネット右翼には男性が多いという結果も出ました。

この統計は、モニター数が七万人を超えている。サンプル数が多く、先行研究ともそっくりの数字が出ているため、信頼できるのではないでしょうか。

安田　ネット右翼やオンライン排外主義の人は、四〇代から五〇代に多いという数字は、九〇年代に歴史修正主義[★17]とサブカルチャーが関わってきた事実と関係があるのでしょうか。

倉橋　そこの判断はむずかしいんです。統計ではわからないし、統計にあがってくるすべての人が一概にそうだと言えるわけでもありません。ネットは、どんな人がどんなふうに使っているのかがわからないので。

『社会運動の戸惑い』（勁草書房）、『海を渡る〔慰安婦〕問題』（岩波書店）など。

★15…シンポジウム「ネット右翼とは何か」二〇一八年六月三〇日に大阪経済法科大学アジア太平洋研究センター大研修室でおこなわれた。

★16…排外主義　本書では「排外主義」と「レイシズム」、「排外主義者」と「レイシスト」をほぼ同義として扱い、文脈によって使いわける。

★17…歴史修正主義　歴史を修正しようと試みる立場。しかし、歴史学の手法などが採られるわけではなく、恣意的な観点から歴史を修正する。そのため、実体としては歴史否定論、歴史否認論であるものを指すときにもちいる。

ただ、九〇年代に一〇代・二〇代の若者だった人たちが、現在の四〇代以上になります。そして、聞きとり調査からは、歴史修正主義やサブカルチャーがある程度、ネット右翼と関わっているということはわかっています。

しかし、ポイントとなるのは「いつのネット右翼か？」ということなんです。なぜなら、ネット右翼と呼ばれる人たちの傾向は、時代によって変わってきています。最初に統計を取って社会調査しようと言いだしたのは辻大介[★18]でしたが、その辻もシンポジウム「ネット右翼とは何か」の際に、ネット右翼が時代によってどんどん変わってきている印象を持っているとフロアから発言しています。

二〇〇七年に辻がおこなった調査では、ネット右翼と言えば歴史修正主義とのつながりから、ネットで騒いだり、噴きあがる人が中心でした。ところが、いまはレイシスト（=排外主義者）が多くなっています。

安田　そのとおりです。僕はネットにあまりくわしくないので、あくまでも参考意見として聞いてほしいのですが、いまネットで使われているネット右翼の言いまわしやロジックは、当時の資料を見るかぎり、一九七〇年代から右翼のあいだで使われていたものです。

そもそも、右翼と排外主義を分けていいのか。僕は、そういう問題意識を持っています。排外主義を論じるときに、たとえばネット右翼という言葉をセットで使わないほうがいいと言う人もいる。右翼=レイシストではないので、右翼とレイシストを明確に分けるべきだと。じつは僕もそう思っていた時期がありました。「本当の右翼は……」と

★18…辻大介（1965-）　大阪府出身。社会学者。大阪大学人間科学研究科准教授。専門は社会学、コミュニケーション論。共著に『コミュニケーション論をつかむ』（有斐閣）、『フェイクと憎悪』（大月書店）など。

いう文脈を使って排外主義を批判する作法が、僕らメディアにはあった。

メディアというのは排外主義を批判するときに、たとえば左翼と呼ばれている学者とか反排外主義を明確に打ちだしている識者を起用して批判することは少ない。あえて右翼陣営からコメントやデータを持ってくる。新右翼であったり、保守とか右派と呼ばれている人のなかから冷静な視点を持っている人を連れてきて、カギカッコ付きでレイシズムを批判するような作法があったわけです。

つまり、「右翼や右派」と「レイシストや排外主義」というものを、ずっと明確に区分けしてきました。一種のリスクヘッジというか、安全弁の確保という意味もあるのでしょう。右翼や保守からも批判されるレイシスト、といった図式を描くことで、自らへの批判をある程度はかわせると考えていたのですね。

けれど、右翼について調べているなかで、それは果たして正しい手法なのか、という疑問を僕はいま感じています。

『「右翼」の戦後史』（講談社現代新書）という本を書くために、右翼の歴史をいろいろ調べました。資料を読みこみ、関係者の証言を聞く。すでに高齢の人が多いのですが、たとえば七〇年代に学生運動をしていた新右翼の一派であったり、街宣右翼だった人を調べてみると、いまのネット右翼とは温度差がある。ところが、使われている言葉はあまり変わりがないのです。

変わっていないのは、国粋的な部分や愛国心的な部分、そして天皇に対する思いだけではありません。反日とか売国奴という言葉をもちいてみたり、朝鮮人を敵視したり、朝鮮学校という教育施設そのものを日本のガンであると決めつけたり……。そうしたことは七〇年代のビラにも書かれているし、いまも引きつづき言われている。

つまり、時代を問わず、右翼は十分に排他的で差別的です。七〇年代の右翼の言葉をそのままネットの5ちゃんねるに転載しても、十分に通用するということです。かつては反共の同志だった韓国に関しては微妙な変化も見られますが、朝鮮半島というくくりであるならば、かなり激烈に批判している文言が、以前から右翼には満ちあふれている。

隊服からスーツへ

安田　学生運動が盛んだった一九六九年、岡山県奈美町の町議会が大日本帝国憲法の復元を決議しました。改憲ではありません。帝国憲法へ戻せ、という決議をやっています。小さな町なのですが、そのような決議をやったものだから、メディアが取材で押しよせました。田舎のおじさんたちは何を考えているんだ、ということで。

結論から言うと、決議を推進したのは生長の家の信者で、かつ右翼団体の幹部でした。議会に提案された決議の提案書を見ると、そこで使われているのはまさにいまのネット右翼的な文言と同じものです。

議案書は冒頭において、日本国憲法を憲法として認めることのできない理由が示されています。

〈現行日本国憲法は、その内容に於て全く戦勝国が占領目的遂行のため、仮に憲法と

称する行政管理基本法にすぎないものであることは、議員各位既にご承知の通りであります〉

〈(一九五二年に)日本は独立したのであるから、大日本帝国憲法を卸し復活すべきものを、そのまま二四年間放置し今日に至った〉

いわゆる「(米国からの)押しつけ憲法論」ですね。さらにこの「押しつけ憲法」が、日本にさまざまな「弊害」をもたらしていると説きます。

〈主権在民の民主主義を奉ずる英、米模倣の国家形態となりながら象徴天皇を戴く、木に竹を継いだような国体を出現し、言論の自由をはじめとして、思想、信教、学問、表現の自由と、個人の権利のみ優先し、国権の衰退は眼を覆うものがあります〉

〈吾国に住居して日本の保護を受けながら、その日本を仮想敵国と公言し、日本打倒の目的を以ってする朝鮮大学校を始めとして国内に小、中、高校等無慮数百の反体制教育施設も、占領憲法第二十三条により自由とする〉

人びとの自由よりも優先されるべき「国権」があると主張し、そのうえで民族教育を「反体制」だと切りすてているのです。

つづけて議案書では、「思想の自由」「表現・言論の自由」は「罵詈雑言の自由にもつながる」とし、現行の婚姻制度は伝統的な家族制度を「抹殺する」、ストライキを認めた「勤労者の団結権」も「従来は非合法」であったはずだとなげいてみせる。

事実誤認も含めて、これもまた現在のネット右翼や右派的改憲論者の訴えと重なるものです。差別的かつ排外的な物言いも同様ですね。

このように、右寄りとか右派と言われている人たちのなかで、こうした排外的な文言というものは脈々と伝わっているのだと思います。もちろん、その文言はネットによって可視化されて、さまざまな変容を遂げていくのでしょう。しかし、通奏低音のように流れているものは、いまも昔もあまり変わっていない。

ここで右翼と排外主義との区分けの話に戻りますが、僕はその区分けをしてきた人間の一人です。繰りかえしますが、いまは区分けをする必要性を感じていません。

最近、街宣右翼の取材をしましたが、以前は街宣右翼とネット右翼のデモはバラバラにおこなわれていました。ですから、新大久保の在日に対するヘイトデモのときは、街宣右翼の側がネット右翼を攻撃する側に回ることもあった。フジテレビに対する韓流ドラマに関するデモのときは、ネット右翼が街宣右翼に対して「出ていけ」と攻撃しました。

そんな光景は、いまはもうほとんど見ることができない。最近は街宣右翼とネット右翼が一緒に並んでデモや街宣をやっています。右翼がネット右翼のケツ持ち、つまりうしろ盾になっていることも多い。両者は共闘しているというよりも、相互乗りいれといった感じです。

いわゆるネット右翼と呼ばれる人たち、たとえば旧在特会[★19]系の人たちがデモをやるときに、隊服を着た参加者が珍しくなくなりました。そしてカウンターとされる人びとからデモを守るために、ネット右翼の用心棒として街宣右翼が参加している。

二〇一八年二月、朝鮮総連に対する銃撃事件がありました。逮捕されたのは全日本愛国者団体会議[★20]（全愛会議）に属する行動右翼の人物です。彼はコワモテの右翼であると

★19…在特会　正式名称は、在日特権を許さない市民の会。二〇〇六年に設立し、初代会長は桜井誠。日本で暮らす在日韓国・朝鮮人の特別永住権などを

同時に、在特会などによるヘイトデモの常連参加者でもありました。在特会関係者からは「教官」と呼ばれて慕われてもいました。

こうした事例を見ると、右翼と排外主義の境界線があいまいになっているという気がします。いや、もう右翼と排外主義を区分けする必要をあまり感じません。

倉橋　そういえば、もともと在特会は、デモの際には隊服の着用を禁止していましたね。

安田　そうです。

倉橋　いまは受けいれてしまっている?

安田　受けいれています。もちろん、注意事項として隊服禁止と書いてある場合もあるけれど、それを無視して隊服で参加しているケースと、最初から隊服禁止と書かないケースがあります。

僕は、事実上解禁になったと思っています。ただ、いまは在特会主催のデモがほとんどなくて、在特会関係というか、旧在特会を中心にさまざまなグループが入り乱れている。だから、洗練さを求めるデモでは最初から右翼を排除することもあります。けれど、いまの右翼は、おおむねネット右翼のうしろ盾になっています。

そもそも隊服といっても、読者にはわからないかもしれません。隊服の「隊」は、軍隊とか部隊の「隊」。街宣右翼が着ている特攻服のようなものです。ある意味では、警察や機動隊が着ているものも隊服と言えるかもしれません。おもに周囲への威嚇を目的としたファッションです。

倉橋　海外のネオナチ[★21]ですと独自のファッションがあったりします。前述のシンポジウ

「特権」と位置づけ、その廃止や撤廃を求めることが設立の目的であった。その後、排外主義的かつ歴史修正主義的な主張を重ね、右派団体の急先鋒と言われるようになる。ネットを最大限に利用して宣伝・広告・動員するなど、従来の市民運動とは異なる戦略で活動を続けている。

★20…全日本愛国者団体会議　日本における右翼団体の連合。一九五九年設立。

★21…ネオナチ　一九三三年から四五年にかけてドイツで独裁政権を敷いた国家社会主義ドイツ労働者党（ナチス）の歴史を、いまも正当化する人びと。

ム「ネット右翼とは何か」では、「ネット右翼の生活世界」というテーマで語った樋口直人もそのことを指摘していました。

ハーケンクロイツ（鉤十字）などのTシャツは定番として生きつづけており、それ以外にも人気のブランドがあります。イギリスのLONSDALEというファッションブランドの服がネオナチのスキンヘッズたちに人気で、その理由は上着を着るとロゴの端っこの〝LO〟と〝LE〟が上着で隠れ、真ん中の部分の〝NSDA〟の部分だけが見えるからだそうです。すなわち、ヒトラーの「国家社会主義ドイツ労働者党★22（Nationalsozialistische Deutsche Arbeiter partei）」の略称から「P」を除いたものになる。

同じ理由で、Consdapleというブランドも〝NSDAP〟が入っているので、人気と言われています。他にも、「Thor Steinarというドイツのブランドがネオナチやサッカーフーリガンたちの御用達ブランドとして知られています。同ブランドは、ナチスの親衛隊（Waffen-SS）とロゴが似ていることもあって、ドイツのサッカー場ではこのブランドの服だと入場禁止になるくらい社会的に注目されています。

いずれのブランドにせよ、非常にマッチョで男らしいデザインというのが特徴的です。

一方、在特会など日本のネット右翼は、ファッションに特徴がありません。元在特会の西村斉★23は、いつもスーツを着ていました。おそらく、スーツであることが大事なのでしょう。そう言えば、アメリカの極右であるオルタナ右翼★24（オルト・ライト）もIT社長のようなシュッとしたスーツでキメています。

安田　服装から思想を見るのは、おもしろい視点だと思っています。日本右翼研究の第

★22…国家社会主義ドイツ労働者党　ヒトラーの元で一九三三年にドイツの政権を奪取し、周辺諸国への侵略をおこない、ユダヤ人を大量に虐殺した。略称はナチス。

★23…西村斉　政治活動家。元在特会の京都支部長。桜井誠を党首とする日本第一党の京都本部長。

一人者である堀幸雄[★25]が『戦後の右翼勢力』という本を出していますが、初版は一九八三年で、その時点でこう指摘しているんです。右翼の主流は、これまでは制服を着た右翼からだったけれど、これからは背広を着た右翼に変わると[★26]。いまはものすごく腑に落ちた感じがする。最初に読んだときは読みとばしていたのだけれど、いまはものすごく腑に落ちた感じです。堀さんは「制服」から「背広」への転換を、右翼の大衆化につなげているわけです。ようするに、右翼が日本社会の異端として位置づけられた時代が終わり、日本社会そのものが右翼化していくことを示唆するのです。

隊服を着た右翼や制服を着た右翼というのは、いわば権力に利用され、権力を利用するといったかたちで、右翼と権力がお互いに利用しあいながら活動していた。他方、スーツを着た右翼は社会に浸透していく。堀さんの予言は、見事なまでに当たりました。倉橋さんが言ったように、元在特会の幹部はスーツで身を固めた。元会長の桜井誠はスーツに蝶ネクタイでした。

極右とネット右翼の違いとは

倉橋　ファッションの部分では、雑多というか、不思議な感じで混ざっているのが在特会の印象です。街宣右翼の活動のように隊服などを着る男性の文化と違って、ネット右翼のデモには女性も参加しており、統一的な服装があるイメージではありませんでした。すこし話を戻しますが、右翼と排外主義を分ける必要があるかどうか。これは非常に

★24…オルタナ右翼　オルト・ライトとも。人種差別的、反フェミニズム的、排外的、反ユダヤ的思想の新興極右勢力。リチャード・スペンサーが代表論客。

★25…堀幸雄（1929-）　東京府出身。評論家。毎日新聞に勤務した後、愛媛大学などで教鞭を執った。著書に『最新　右翼辞典』（柏書房）、『戦後の右翼勢力』（勁草書房）など。

★26…『戦後の右翼勢力』勁草書房、二三六ページ。

むずかしい話だと思います。先ほど話に出た樋口直人が『日本型排外主義』（名古屋大学出版会）という本を書いたのですが、その英語版がオーストラリアの出版社から二〇一六年に出ました。

極右をあらわす英語には、"far right"（ファーライト）や"extreme right"（エクストリームライト）などがありますが、その本のタイトルには"ultra-right"（ウルトラライト）が採用されました。直接、樋口から話を聞いたところ、ネイティブの人たちのあいだで使われている言葉だそうです。そのまま日本語に戻すと「超右翼」になります。

この例が示すのは、ヨーロッパの文脈から見ると、排外主義とくっついている右翼系の人たちが超右翼に見えるということです。しかし、アメリカのインディアナ出身の友人に聞くと、「ウルトラライト」と言うとかなり強いイメージの言葉で、farよりもextremeよりもさらに「右」というニュアンスの言葉であり、新聞紙上でもそんなに見る印象はない、ということでした。

いずれにせよ、海外から見たいまの日本の状況は、かなり「右」に見えるのかもしれません。

安田さんが述べたように、いまネット右翼が使っているような文言は、たしかに一九七〇年代からありました。それどころか、占領期が終わった直後である五〇年代の社会調査を見ると、どこの国が嫌いかというランキングでトップになるのは、アメリカかと思いきや朝鮮なのです。

たとえば、文化人類学者の泉靖一[★27]は、一九五一年におこなった「日本人の人種的偏見」という調査の結果を、一二年後に「世界」一九六三年三月号（岩波書店）で公開しています。東京都内の三四〇名に対するアンケートですが、「好き」な人種のトップはアメリカ人です。他方、「嫌い」なのは朝鮮人で、四四％でした。そこで語られた朝鮮人のイメージは「ずるい」「日本人を馬鹿にする」というものでした。また、朝鮮人が「日本に住む」「隣りに住む」「日本に帰化」することに対しては、三〇％以上が反対しています。

右翼でなくても、ある種の排外主義的な差別感情が、日本人にはずっとあったのではありませんか。戦中までで言えば、沖縄の人たちや植民地の人たちに対する差別があり、それがいまも温存されています。また、右翼的な思考になってくると主体が「俺たち日本人」となってくるので、「俺たちが住んでいる場所のことは、俺たちがすべて決める」ということにもなってきます。

そういう意味では、右翼と排外主義は切っても切れないものがある、という安田さんの指摘はまちがいありません。ただし、それがどのように顕在化されているのか。それが現在の問題なのだと思うのです。

先日、ある学生が授業の終わりに僕のところに来て、「鈴木邦男★28さんは右翼ではありませんね？」とたずねました。その学生は東京出身で、予備校時代の現代文の先生が鈴木だったのです。僕は「いや、鈴木さんは右翼だよ」と答えました。

鈴木は、生長の家の政治活動から派生した民族派の右翼ですが、そこからさらに右へ傾いたところに排外主義的なものがある。鈴木もそのことをずっと語っています。「僕

★27…泉靖一（1915-70）東京府出身。文化人類学者。元東京大学東洋文化研究所教授。著書に『インカ帝国』（岩波新書）、『フィールドワークの記録』（講談社現代新書）など。

★28…鈴木邦男（1943-）福島県出身。政治活動家。一九七二年に民族派右翼の一水会を結成し、現在は名誉顧問。著書に『〈愛国心〉に気をつけろ！』（岩波ブックレット）、『天皇陛下の味方です』（バジリコ）など。

が右に見えなくなるような社会はやばい」と。そうした傾向は、ヨーロッパでも日本でも同じようにあらわれています。つまり、右翼からさらに右に傾いたものが、極右と呼ばれるものになるのでしょう。

安田　日本社会はずっと朝鮮半島出身者に対して差別や偏見を抱いてきた。差別の存在そのものは、けっして目新しいものではありません。一般的に、極右に関しては倉橋さんの理解でかまわないと思いますし、右翼がさらに右傾化したものとしての極右というカテゴライズは「あり」だと思っています。

倉橋さんが述べたように、ネット右翼は時代によってかたちを変えています。新たなウェブの展開を示す言葉に web2.0 というのがありましたが、それになぞるとネット右翼だって 2.0 くらいになっています。リニューアルを重ねています。

僕が持っている「ネット右翼の最初のイメージ」は、二〇〇四年のイラク日本人人質事件[★29]で三名が解放され、羽田空港に帰ってきたとき、空港で待ちうけていた人びとのイメージです。彼らはプラカードを持っていたのだけれど、そこには当時の「2ちゃんねる」などでよく見る絵文字のようなもの……。

倉橋　アスキーアート?

安田　そうです、アスキーアートで茶化しながら「国の恥」とか「自己責任」みたいなことを書いている人びとがいました。

あのころから、いわゆる自己責任論が見られるようになり、ネット上で〝被害者叩き〟がおこなわれるようになった。あのときの被害者も、リベラル陣営に属していたこ

★29…イラク日本人人質事件
二〇〇四年四月に日本人三名がイラク武装勢力によって誘拐され、人質となった。武装勢力は人質解放の条件として自衛隊の撤退を要求したが、当時の小泉純一郎首相は応じなかった。その後、三人は解放されて帰国。戦地であるイラクに入国し、誘拐されたことは「自己責任」と評され、国内でバッシングされることになる。

とや、親族に共産党関係者がいたといった理由で、「国に助けを求めることはまちがっている」といった論調がネットで流布されていました。

ちなみに羽田空港で待ちうけていたなかの一人は、のちに前述の「反フジテレビデモ」の主催者になっています。

僕にとって初期のネトウヨのイメージは、まさにそこなんですね。

ただ、いまネット右翼とはどんな人なのかと問われると、困ってしまいます。ネットだけで活動している人もいるし、ネットを出自としているけれど外で活動している人もいる。あるいは具体的には活動せず、ネット右翼的な文言をネット上に書きこむだけの人は含まれるのか……。

そういった意味では、ネット右翼自身の姿も時代によって変わってきているような気がします。

個人的に興味深く思っていることなのですが、先ほど名前が出た元在特会の西村斉。京都朝鮮学校襲撃事件の主要メンバーでもあり、いまは桜井誠が率いる日本第一党★30の京都本部本部長をやっています。そんな彼は、ずっとセックスピストルズ★31（以下、ピストルズ）のアイコンをもちいてネットに書きこみをしていました。

そんな彼を見て、当初、ものすごく違和感を持ちました。後日、音楽好きの知人に「何でパンクな奴がネトウヨになっているんだよ」と言ったら、「それ、普通っすから」と言われたことがあって。

ヘビーメタル系やハードコア系、ヴィジュアル系のバンドなどでは、日章旗を振りま

★30…日本第一党　二〇一六年に結党された政党。党首は桜井誠。掲げる政策の大半は、ネット右翼的なもの、すなわち歴史修正主義的であり、排外主義的なものとなっている。

★31…セックスピストルズ　イギリスのパンクロックバンド。一九七五年に結成され、七八年に解散した。活動期間は短いものの、反体制で攻撃的な歌詞と独特のファッションで世界を震撼させた。

わしたりするらしい。いつからそうなったのかは不明だけれど、日本の音楽界においては右翼的なシンボルを気軽に使用するのは珍しいことではないのですね。

在特会とセックスピストルズ

倉橋　音楽の話が出たので、すこし長めに語ります。

僕は、デスメタルのバンドでギターを弾いています。大阪のバンドなのですが、僕の音楽活動界隈はメタル系やNYスタイルハードコア系の人が多く、ウヨっている人もいます。ここで言う「ウヨってる」とは、当人たちが右翼かどうかにかかわらず、バンドのシンボルやファッションなどに右翼系のものを導入しているという意味です。

日本の大物ミュージシャンで言うと、ラウドネス[★32]のライブでは、思いきり日章旗をバックドロップ（ステージ背後の大きなフラッグ）のデザインにもちいています。そもそも、ギターのペイントが日章旗だったりします。ヴィジュアル系にもウヨっているバンドがあります。これは日本のバンドに限ったことではなく、キッス[★33]やヴァン・ヘイレン[★34]なども日章旗風のデザインや神風ハチマキなどをもちいていたりします。

日本のロックシーンの場合、一部のミュージシャンには悪しき左派的なものが権力に見えているがゆえに、反権力をアピールしようとすると、誰も使わない日章旗や悪い子ぶった特攻服などを持ちだします。ファンのなかにも特攻服を着ている人がいたりします。しかし、彼らが本当に右翼かといえばそうでもなく、やはり日章旗や特攻服はシン

★32…ラウドネス　一九八一年に結成された日本のヘヴィメタルバンド。何回かのメンバーチェンジを経て、現在はオリジナルメンバーで活動している。

★33…キッス　一九七三年に結成されたアメリカのロックバンド。白黒に顔を塗るコープス・ペイントと奇抜なコスチューム、そして高い演奏力で、世界的に知られるようになった。

★34…ヴァン・ヘイレン　一九七二年に結成されたアメリカのハードロックバンド。ヘビーメタルの要素を含む楽曲もあるこ

ボルや記号のような気がします。暴走族が反抗心をあらわすのに日章旗を使うのと似ているかもしれません。

むしろ、安田さんが述べたピストルズを観察すると、音楽と反権力的なものの関係がよくわかるような気がします。

たとえば、一九七〇年代にイギリスでカルチュラル・スタディーズ★35という学問の分野が興隆しました。その潮流の初期に、ディック・ヘブディジ★36という研究者の『サブカルチャー』（山口淑子訳、未来社）という本が出版されます。サブタイトルが「ザ・ミーニング・オブ・スタイル」で、ようするにピストルズの服装＝スタイルがどんなふうに構成されているのか、ということを研究したものなんです。

たとえば、パンクのアーティストやファンたちは、ナチスのシャツとか着ていたりします。でも、彼らはナチスではない。南京錠のネックレスとか安全ピンのピアスとかモヒカン頭とか、そういうファッションをしています。けれど、それらの一つひとつに意味があるわけではない。あれは「あり合わせ」のもので組みあわせを作って、儀礼的かつシンボリックに大人の社会や権力に対抗している。そういう手段の表現なんだという議論でした。

ヘブディジは文化人類学の言葉を使って、パンクのファッションについて「Bricolage（ブリコラージュ）」という概念で説明しました。つまり、寄せあつめのもので他者と自己との境界線を引き、そのアイテムが本来持つ文脈から切断して自分たちのスタイルを築き、意味づけをする実践だ、と分析したのです。

とから、HR／HM系のバンドとも言われている。エドワード・ヴァン・ヘイレンのライトハンド奏法は、世界のギタリストに大きな影響を与えた。

★35…カルチュラル・スタディーズ　文化研究。新しい文化論の方法。ここで言う文化は、生活環境の全体を指す。エスノセントリズム（自民族中心主義）を徹底的に排し、生活環境としての文化を多元的、重層的、地域的に研究する学問。

★36…ディック・ヘブディジ（1951-）　イギリスの社会学者・メディア研究者。現代文化研究センター（CCCS - Centre for Contemporary Cultural Studies）で最初期にカルチュラル・スタディーズの研究を牽引。著書に『サブカルチャー』（未来社）など。

一周まわったうえで日本の現状を見たときに、ピストルズのシャツを着ている西村斉は、七〇年代のパンクと同じように文脈を置きかえているのですね。つまり、彼らがパンクなのではない。反抗のスタイルを示すためには、「反権力的」「対抗的」な「記号」をもちいればよい。だから、彼らのファッションをパンクの「真正性=authenticity」で分析しようと思うと、むしろ違和感しかなくなるわけです。

ネオナチのファッションだってそうです。そもそも「ナチ」というブランドがあるわけではない。もはやガチのナチ思想の人など、ほとんどいないわけです。固定された文脈から離脱して、いろんなものを「あり合わせ」で組みあわせ、自分たちが何かに対抗していることを見せる、というカルチャーの一環だった。

そういう意味において、在特会にピストルズのTシャツを着た人が入っているのは、むしろ違和感がないような状況です。

安田　そのことは、僕も聞いたことがあります。ピストルズのファッションが問題になったのは、とくに初期のころでした。マネージャーのマルコム・マクラーレンが「SEX」というブティックを経営していて、そこの商品であるナチスの鉤十字のTシャツなどをピストルズに着させて、店でそれを売って儲けました。

ナチスとの親和性への無配慮とか鉤十字に対する抵抗のなさというのは、以上のようなピストルズの時代から始まったパンクカルチャーのなかにあったということは、だいぶ時間が経ってから知りました。

ただ、僕のなかでパンクと言えば、あくまでも好みの問題ではあるけれど、たとえば

★37…ストラングラーズ　イギリスのパンクバンド。一九七四年に結成し、現在も活動を続けている。

★38…トロツキー（1879-1940）ロシアの革命家。ウクライナ生まれのユダヤ人。二月革命の後、ボリシェビキに入党し、十月革命を指導した。トロツキーの世界革命論はスターリンの一国社会主義と対立し、国外退去と

ストラングラーズ[★37]のように、歌詞のなかに何気なくトロツキー[★38]とか出てくるようなものが、正統派のパンクだと思っていました。圧倒的に感覚が古いことは認めます。その後もアップデートされることなく二一世紀を生きていると、「パンクなのになぜ体制に寄りそうようなスタイルをとるのか」と古臭い価値観を振りまわしたくなります。

なった後、亡命先のメキシコで暗殺された。

第二章

時代によって変化する保守言説

保守とは何か

安田　ところで、保守とは何かを改めて考えた場合、昔といまとの大きな違いは何か。そもそも何をもって保守とするのか。さらに、いまの日本社会の人びとが何を保守しているのか。そうしたことを考える必要もあると思います。

少なくとも、日本における保守と言えば反共[★1]であり、資本の側に立つと言うイメージがある。しかし、保守の本来の意味というのは、歴史の風雪に耐えたものだけが生きのこるという、人間の自然観みたいなものですよね。急激な変化を望まず、伝統と文化に寄りそい、自然のままに生きていけば、そこそこ人は幸せなんだという。

素朴な自然観みたいなものが保守の原型だったと思う。そもそも保守というのは、人間の理性を信じない。けれど、戦後の右派的な動きは急進的であり、設計主義的であるように思えます。急進的であるとは、何かを急いでやろうとすること。設計主義とは、人間が導く理論と理性により、合理的に社会を設計できるという考え方。つまり、イデオロギーによる社会設計です。いずれも左翼的なものです。

そうした左翼の急進的な設計主義に反対する立場から、戦後の保守というものが立ちあがったのではありません。繰りかえしますが、急な変化を望まず、変化するなら自然に変化するだろう。ゆったりとした佇まいでのぞみ、悪いものはどんどん消えさっていくのを待つ。これが保守思想の根底でしょう。

たとえば、いまのネット右翼って、社会を変えようとしていますよね。誰かを排除し

★1…反共　反共主義とも言う。共産党や共産主義、社会主義、それらの思想を国家建設の中心に据える国々などを憎悪し、敵視し、排除するような思想や運動の総称。一九九一年にソビエト連邦が崩壊してからは、敵を失ったことにより、その勢力は弱体化していった。

て社会を変えるのだと主張している。不思議なもので、昔の右翼が主張していたような「何かを守る」と主張するのがいまの左派で、昔の左翼が主張していた設計主義的な発想をするのがいまの右派だったりする。右と左が逆転しているようで、不思議な気分になります。

倉橋　保守の捉え方については、僕も安田さんに近いものがあります。「いまある秩序というものは自然な流れでできているのだから、その秩序を守っていこう」というのが保守の考え方だと思うのです。だから、社会変革に対しては慎重になる。

旧左翼の「設計主義」の立場を、いまは右派が採用していると安田さんが説明しました。なぜいまの右派がそうなっていくのか。僕なりに考えると、ある種の「反左翼」「反動」「逆張り」的な発想によって言論を構築する側面が、右派にはあるからだと思いました。

社会変革の動きに対して「ちょっと待った」と言ったり「冷笑」をするくらいであれば、「保守」のスタンスなのだと思います。それに対して現在の右派言説は、左派やリベラル側の言論に対する「逆張り」に固執した結果、より復古的で民族主義的かつ排外主義的な発想を形成し、旧来の右翼よりもさらに右寄りになっています。反動による言論を流布する代表的な存在として、最近よく名前が出てくるのが日本会議です。

日本会議の運動のやり方は、もともと新左翼がやっていたものに似ています。市町村レベルに支部を置き、地方議員とつながりを持つ。委員会に働きかける。地方の議会で決議を出す。憲法改正賛同一万人署名活動をおこなう。ようは、草の根主義的な手法をもって社会を変えようと、具体的に動いています。

思想内容やスタイルから「保守はこうだ」と固定的に検討するだけでは、もはや不十分だと僕は考えています。「保守・右翼」とは、その時どきの思想や運動などとの位置づけから、相対的に決定されるものではないのか。前述のような、鈴木邦男を「右翼ではない」と考えた学生のエピソードが象徴的な認識のひとつでしょう。

内輪話の保守言説を表舞台に出した小林よしのり

倉橋 ここからは、保守とネット右翼の関係について議論できればと思います。もちろん、それらをいっしょくたにはできません。できないとはいえ、僕が専門とするメディアカルチャーの視点から見ていくと、両者の関係性の流れはこのような感じになります。

まず、一九七〇年代になると、「これからは保守で行こう」という流れが生まれ、「諸君!」[★2]（文藝春秋）や「正論」[★3]（産業経済新聞社）といった保守系の雑誌が創刊されます。保守系の論壇誌と呼ばれるものです。こうした雑誌の背後には、日本文化フォーラム[★4]や日本文化会議[★5]という保守系の知識人が集まる組織がありました。

さらに、「正論」は財界の人たちがバックアップした。そして、この時期はニッポン放送を開局するなど、フジサンケイグループがどんどん大きくなっていった。そのなかで、一〇万部程度でいいから小回りの利く雑誌を作ろうということで論壇誌が立ちあがり、いわゆる保守言説というものが作られていきます。

★2…「諸君!」 文藝春秋の月刊誌。一九六九年創刊、二〇〇九年休刊。創刊当初から執筆者には保守論壇人を多く起用し、とりわけ九〇年代からは歴史修正主義的な論陣を張ることが多くなった。

★3…「正論」 産業経済新聞社の月刊誌。一九七三年創刊。九〇年代からは新しい歴史教科書をつくる会と歩調を共にした。読者投稿欄を充実させるなど、他誌がやらなかった試みを成功させ、部数を伸ばした。

★4…日本文化フォーラム 一九五五年に設立された文化人のサロン。林健太郎や平林たい子、高柳賢三らが参加した。

★5…日本文化会議 一九六八年に創設された保守的文化人が作った組織。一九六〇年代後半

そのときの保守言説の背後にあるものは、第一に当時の左翼や新左翼に対する反発と、第二に反共で、その後はこの二つの路線をキープしていきます。八〇年代後半まではその路線がつづくのですが、冷戦が崩壊したり、鹿内家[★6]がフジサンケイグループからいなくなるなどさまざまな体制の変化があったあとに、いまの歴史認識問題につながるような状況が生まれていくことになります。

いずれにしても、保守系の論壇誌を読む年齢層は高い。なおかつ、ある種の保守サロンのなかの内輪話で回っていた。それを外に持ちだしたのが、小林よしのり[★7]だと僕は考えています。

ヒットした小林の『新・ゴーマニズム宣言 SPECIAL 戦争論』（第一巻〜第三巻、幻冬舎）。刊行は九八年です。同書の文末にある参考文献リストを整理してみましたが、出版社名がまちがっているなど、かなりずさんなリストでした。

リストを観察してみると、九五年から九八年の著作が一〇七冊中七一冊ありました。くわえて、展転社とかＰＨＰ研究所、文藝春秋、公人社といった右派系の出版社が出しているものが一〇七冊中五五冊あるんです。あきらかに偏っているのですが、西尾幹二[★8]など九〇年代の保守論客や「自由」[★9]という論壇誌に書いていたような古い保守系の書籍も押さえつつ、当時の若い論客の文献も含まれている。ようするに、九〇年代の右派論壇による歴史キャンペーンを「丸ごと」漫画にして打ちだしている。

参考文献で多かったのがムックです。八〇年代後半からムックの発行数が増えていきますが、各社が刊行していたのはおもに「あんちょこ」、つまりマニュアル本でした。

から言論界で左派が優勢になったのに対抗し、田中美知太郎を中心に多くの文化人が結集した。雑誌「文化会議」を発行。

★6…鹿内家　フジサンケイグループを作って同グループの初代議長となった鹿内信隆、信隆の次男で同グループの二代目議長となった鹿内春雄、信隆の婿養子で同グループの三代目議長となった鹿内宏明を指す。フジサンケイグループには、フジテレビやニッポン放送、産経新聞、扶桑社などあらゆるメディア企業が含まれており、鹿内家は三代に渡ってこれらを支配してきた。

ムックをとおして、若い人たちにマニュアル化された保守言説が膾炙《かいしゃ》していくような傾向が、当時の日本にはあったのだろうと思います。

前出のシンポジウム「ネット右翼とは何か」での永吉の調査結果を聞いていておもしろかったのは、いまの四〇代や五〇代のネット右翼は、雑誌や本から情報を得ているという部分です。それ以外の情報収集の手段はネット。受動的に情報を得られるようなテレビのニュース番組や新聞はほとんど見ないし読まない。

つまり、それら年代の人たちは自分から積極的に情報を取りにいっています。本は書店に行って、自分で選んで買っている。そういう人たちは、小林の本やムックが流行した時代に若者時代を過ごしていました。

このように、最初は細々と展開していた保守言説が、雑誌の創刊や小林の活躍などによってすこしずつ大衆に可視化していった。つづいてネットメディアが登場し、保守言説は世間に広がっていったのだ思います。

そうした変化のなかで、保守言説の内容が時代と共に変わっていったかと言えば、それほど変わっていない。基本的には、前からあった言説のコピー&ペーストだと思います。先ほど安田さんが述べたように、「七〇年からあったもの」と「九〇年代後半に盛りあがったもの」はそんなに変わりません。

大枠で見れば変わっていない一方で、排外主義的な傾向が強く出てきているのが最近の傾向だと思われます。その点は、統計を見てもわかります。永吉の報告によれば、ネット右翼的な人は一・七%程度ですが、オンライン排外主義は三%くらいになります。

★7…小林よしのり（1953-）福岡県出身。漫画家。「東大一直線」「おぼっちゃまくん」などのギャグ漫画で人気を博した後、一九九二年から「週刊SPA!」で社会派漫画「ゴーマニズム宣言」の執筆を開始。歴史修正主義的な視点で書かれた『戦争論』（一～三巻、幻冬舎）はベストセラーに。近年はネット右翼に批判的な論考も。

★8…西尾幹二（1935-）東京府出身。ドイツ文学者、評論家。電気通信大学名誉教授。「つくる会」を主導し、九〇年代以降の右派論壇をリード。その後、「つくる会」を離脱するが、歴史修正主義的な主張で右派論壇に存在感を示している。著書に『ニーチェとの対話』（講談社現代新書）、共著に『文庫版　国民の歴史』（新しい歴史教科書をつくる会編、文春文庫）など。

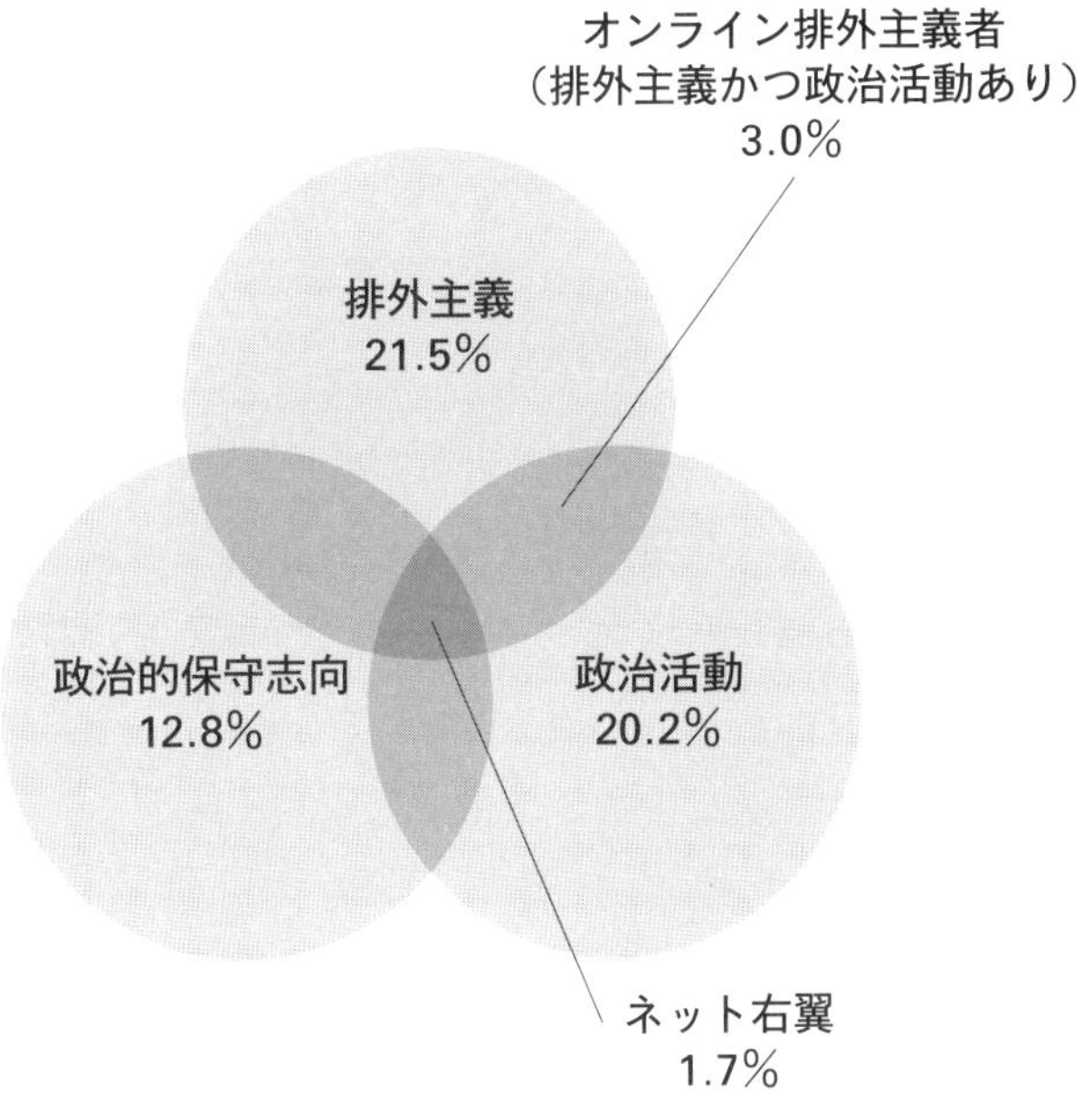

図1　ネット右翼の割合

［図の解説］　永吉は、辻大介による先行研究の①中国と韓国への排外的態度、②保守的・愛国的政治志向の強さ、③政治や社会問題に関するネット上での意見発信・議論への参加経験という三つの条件を有する「ネット右翼」定義をもちいて、図の調査結果を分析している。そして、そのうち①と③の二要素を満たし、ネット右翼に該当しないものを「オンライン排外主義」と位置付けている。辻の調査では2007年には1.3%、2014年には1.8%という結果であった（辻大介「インターネットにおける『右傾化』現象に関する実証研究　調査結果概要報告書」2008年、辻大介「計量調査から見る『ネット右翼』のプロファイル―2007年／2014年ウェブ調査の分析結果をもとに」『年報人間科学』38号、大阪大学人間科学研究科、2017年）。

★9…「自由」　自由社の総合誌。一九五九年創刊、二〇〇九年休刊。石原萠記が日本文化フォーラムの参加者を編集委員と執筆者に迎えた雑誌「自由」を出すために自由社を設立。休刊前には西尾幹二が編集委員になるなど、その論調には保守的な色が濃くなっていった。

排外主義のほうが優位です。

時代によって変化する保守言説の「最先端」

倉橋 保守言説のなかで何が先鋭化されるのか。それは、時代の状況によって違っています。

書く人、すなわち論客が変われば論調も変わります。西尾や渡部昇一[★10]は息の長い保守論者でした。そうしたベテランに加えて、「正論」で言えば、名物編集長だった大島信三[★11]時代（一九九〇〜二〇〇六年）を見ると顕著ですが、とにかく論客がどんどん変わっていきます。

論客が変わった理由のひとつは、論じる対象が変わったからだとも言えます。反共路線だったころの保守の言葉は、ソ連、アメリカ、核戦争を含めた軍事などに関心を抱いたうえで展開されていました。ところが、一九八五年に中曾根康弘[★12]が内閣総理大臣として靖国神社を公式参拝したころから、徐々に歴史というキーワードが出てきて、論じる対象の国も北朝鮮や韓国、中国というようにシフトしていくわけです。

以上のような流れのなかで言説が作られ、それらの言葉がコピー&ペーストされ、広がっていきました。その様子は、先ほど述べた小林よしのりが『戦争論』で参照している文献を見るとわかりやすい。同じグループの人たちのあいだで、同じような言葉が出まわっている。その同じような言葉が、メディアを介しながら外に出ていくという循環

★10…渡部昇一（1930-2017）山形県出身。英語学者、評論家。元上智大学名誉教授。保守系論壇誌の常連執筆者であり、晩年まで歴史修正主義的なスタンスを取りつづけた。著書は『知的生活の方法』（講談社現代新書）ほか多数。

★11…大島信三（1942-）新潟県出身。一九六四年に産業経済新聞社に入社し、「週刊サンケイ」編集長などを経て、九〇年から「正論」編集長に。保守的な路線を継承しつつ、読者投稿欄を充実させることによって、二〇〇〇年代には大幅に部数を伸ばした。

★12…中曾根康弘（1918-）群

が、七〇年代以降の保守言説の流れを俯瞰した場合の印象です。

そして、九〇年代に入ると歴史認識問題[★13]が前景化してきます。この部分は、拙著『歴史修正主義とサブカルチャー』（青弓社）の中心的分析に据えた箇所でした。右派・保守言説は歴史認識問題で、九〇年代に大きく性格を変えます。

メディア論を専門とする僕にとって興味深いのは、右派・保守論壇が議論の内容の変化と同時に、言説の「パッケージ」の変化も見せている点でした。「正論」は、大島編集長時代の九八年に、約四〇〇〇頁の誌面のうち一〇%も読者投稿コーナーを設けます。そんな論壇誌など、ほかにはありませんでした。さらに、このコーナー発の記事が何本も企画された。こうした読者投稿をコンテンツにする流れは、八〇年代の雑誌文化に顕著なものでした。しかし、それはサブカルチャー領域のことで、論壇誌のようなオピニオン雑誌で展開したのは「正論」だけです。

他方、「慰安婦」問題をきっかけに歴史認識問題に介入し、大きな反響を得ることになった小林よしのりの『ゴーマニズム宣言』シリーズ[★14]は、「さあ朝日新聞が正しいか？産経新聞が正しいか？／慰安婦がホントに〝従軍〟なのか？〝性奴隷〟なのか？（中略）我々で結論を出そう！」（『新・ゴーマニズム宣言』第二六章）と煽って読者の投稿を募集し、「慰安婦問題は読者参加で行く」と宣言します。小林は、事前に募集した読者の意見について「強制連行はなかった派」が八割に達したと発表し（前掲書、第二九章）、これに呼応するかたちで、「なかった派」側の主張に立った作品作りを展開していく。

こうして立ちあがった言説を流通させていく構造は、「参加型文化」と「集合知」と

馬県出身。自民党の政治家。一九八二年に首相となり、国鉄の分割民営化をおこなった。軍拡推進・憲法改正を主張するタカ派であった。二〇〇三年に政界を引退。

★13…歴史認識問題　九〇年代に、国際情勢の変化（冷戦の終結、アジア諸国の民主化）をきっかけとして、戦後責任と自国の歴史をめぐる議論が活発化した。その過程で「自由主義史観」のような歴史修正主義が登場した。

★14…『ゴーマニズム宣言』シリーズ　小林よしのりによる社会派連載漫画。部落問題、薬害エイズ問題、オウム真理教問題、歴史認識問題を扱い、九〇年代に話題書となった。それに伴い、作者の小林も知識人として論壇やテレビに出演することに。

呼べるものだと分析できます。すなわち、九〇年代の右派・保守論壇は、通説の歴史に対して「みんなで考えよう」「みんなで考えたことを共有しよう」という姿勢を持って作られていったのです。

そして、それらは学問の領域とは異なる場所で展開されました。歴史は歴史学の領域であり、学会や学術書の世界で論じられる対象でした。しかし、彼らは、自らの主張を論壇誌のような商業誌でビジネスとして展開しました。

彼らのことを研究していると気づくのですが、彼らの著書は大学の図書館にはほとんど入っていません。ようするに、彼らの言説は、あきらかに「学知」とは異なる文脈で、大衆に膾炙していったと考えられます。

あらゆる商業メディアは、市場適合的（迎合的？）な言説空間と語りの形式を整備し、市場で流通させるために最適なかたちを整えます。右派・保守言説の場合、学術出版の世界からは距離を置かれる一方、「売れること（＝消費者評価が高いこと）」を至上命題とする出版社と手を組んで発展していきました。その意味において、九〇年代に興隆した歴史修正主義の言説は、学術的な知の価値よりも商業的な評価を価値とする環境で発展していきました。

もう一つ指摘しておかなければならないのは、「新しい歴史教科書をつくる会」[★15]（以下、「つくる会」）のメンバーが歴史を語る際に「ディベート」[★17]を好んだことでした。これを提唱したのは同会の藤岡信勝[★16]と同会の賛同者である松本道弘や北岡俊明[★18]といった自己啓発書の執筆者でした。

★15…新しい歴史教科書をつくる会　九六年末に藤岡信勝、西尾幹二、高橋史朗、小林よしのりらによって設立された「自虐史観」を見直す教科書運動団体。同会は、歴史と公民の教科書を扶桑社から出版するものの、目標の採択率一〇％に到達しなかったため、内紛。

★16…藤岡信勝（1943-）　北海道出身。教育学者。元拓殖大学日本文化研究所教授。「つくる会」の創設者であり、現在は理事。本書では歴史修正主義と同義で扱う「自由主義史観」の提唱者。著書に『「自虐史観」の病理』（文春文庫）、『教科書が教えない歴史』（扶桑社文庫）など。

★17…松本道弘（1940-）　大阪府出身。英語通訳者、英語講師。「英語と異文化交流を学ぶ」場

ここで読者には、よく考えてほしいのです。歴史の正しさは、相対《あいたい》する二つの立場が話しあって決まるものなのでしょうか？

ディベートに勝つためには、その場かぎりの知識や論理だけが必要とされ、その他の要素や一貫性は無視してもよい。また、二項対立図式のゲームなので、妙な説や変な言い分の俗説であっても、科学的・客観的に検証されてきた通説と最初から同じ土俵に上がることができます。つまり、議論の設定段階で俗説側は「下駄を履かせてもらっている」状態を作りあげるわけです。

商業メディアで読者を巻きこんで、俗説である自らの議論の価値を上げ、流通させる。他方、歴史の議論に「ディベート」という「論破」志向の議論を作りあげていった。九〇年以降の保守言説をメディア文化論から概観すると、以上のような特徴が見られます。九〇年代以前の右翼や保守とは、すこし違った戦略が見て取れるわけです。

右翼の言葉が移ろっていく

安田　右翼関係者を取材するなかで興味深い話を聞くことができました。

先ほども出てきた全愛会議という右翼の連合団体は、任俠系の右翼と行動派右翼が混ざっている。同団体の顧問をしている人物に、「何でいまの右翼は嫌韓なのか」とストレートにたずねてみたのです。

かつての右翼は、日韓友好とまではいかないけれど、かなり韓国と緊密に連携してい

として紘道館を主宰。著書に『オバマの本棚』（世界文化社）、『図解 ディベート入門』（中経出版）など。

★18…北岡俊明（1943-）徳島県出身。経営評論家。著書に『東京裁判はでっちあげだった』（総合法令出版）、『日本アホバカ勘違い列伝』（ワック）など。

ました。たとえば朴正熙《パクチョンヒ》★19や全斗煥《チョンドファン》★20が政権を握っていた一九六〇〜八〇年代、日本の右翼団体のなかには韓国にわたって軍事訓練に参加する者までいました。韓国との〝交流〟は盛んだったのです。

それがコロッと変わって、いまではネット右翼ばりの嫌韓です。「韓国、出ていけ」とか「朝鮮人は……」というような、いわば排外主義の文脈に沿った活動をしている。だから、「かつて韓国と仲よくしていたころと比べると、大転換じゃないですか」という話をしたら、その人物は困りきった顔をして「じつは、そのとおりなんだよ。いまは韓国とのパイプがないんだ」と答えました。さらに次のようなやりとりがありました。

「昔は韓国とのあいだに太いパイプがあったんですか」

「いや、パイプというよりも、昔は韓国軍とつながっていた」

彼によると、日本の右翼団体と韓国は、全斗煥政権のころまではお互いに持ちつ持たれつの関係だったという。反共という共通の目的がありましたから。日本の右翼が反共を国是とする韓国と手を組むのは当然です。そのときにパイプとして機能したのが韓国軍だった。

かつての右翼は旧日本軍の元軍人をも抱えていたから、その人脈を生かして韓国軍に接近した。韓国軍のなかには、旧軍関係者と深いつながりを持つ人も珍しくはありません。朴正熙は日本の陸軍士官学校を出ています。

ところが民主化が進み文民政権が発足すると、韓国軍の体質が変わってくる。それ以上に旧軍の影響下にあった人が高齢となり、軍の主役ではなくなっていきます。すると

★19…朴正熙(1917-1979) 韓国の軍人、政治家。日本の陸軍士官学校で学び、関東軍に編入。終戦後は韓国国防軍に属し、一九六一年に軍事クーデターを指導、六三年には大統領に。韓国を高度成長に導きつつ、大統領の権限を強化していった。七九年、側近に射殺される。

★20…全斗煥(1931-) 韓国の軍人、政治家。金大中の逮捕や光州事件に関わった後、一九八〇年から八八年まで大統領に。辞任後に不正蓄財や権力犯罪を糾弾され、隠遁生活に。

当然ながら、右翼はパイプ役である韓国軍とのつながりを失っていくのです。

彼は、僕にこう言いました。

「日韓関係における右翼の最大の欠陥は、韓国軍との関係だけに偏っていたため、民間とのパイプを持っていなかったことだ」

つまり、民主化によって韓国と縁が切れたというよりも、時代の流れによって韓国軍との縁が切れてしまった。こうして韓国とのツテはなくなりました。また、冷戦が終結したことによって、反共という同じ思いを抱いて行動したり席を合わせる機会もなくなってくる。

韓国軍との蜜月時代にも、日本による朝鮮半島の植民地化や「慰安婦」をめぐる歴史問題はあった。それでも、反共こそが最優先の目的だからこそ、歴史のことはとりあえず棚上げにしていた。竹島をめぐる領土・領海問題も棚上げにされた。大日本愛国党の総裁だった赤尾敏[★21]などは、日韓関係を優先させるために「竹島など爆破してしまえばいい」と主張していたことがあります。日本の右翼からすれば、韓国とはとりあえず、反共の一点でつながっていればよいという時代もあったのです。

しかし時代は変わった。右翼は韓国とのつながりを失い、冷戦構造も崩壊し、反共という言葉に説得力がなくなった。反共だけで韓国とつながってきた右翼にしてみれば、歴史問題や領土・領海問題を棚上げする理由がなくなったのです。こうした経緯で、ネット右翼とは違う文脈で、右翼が韓国への攻撃をはじめました。これらは右翼から聞いた一方的な話ですから、どこまで正しいかは判断しかねます。とはいえ、右翼がこれ

★21…赤尾敏（1899-1990）愛知県出身。右翼活動家。一九五一年に親米反共の右翼団体である大日本愛国党を結成して総裁に。

までになく露骨な排外主義を打ちだした流れは、こんなところなのかと思います。

先ほど倉橋さんが、日本の保守言説における反共の影響について述べましたが、その影響は右翼にもおよび、彼らが嫌韓を叫びだした理由の一つが反共だったという話です。

ところで、同じように反共という観点から右翼を支えていたのは財界です。昔の右翼は労働組合潰しに肩を貸す、財界の別動隊みたいなところがありました。

たとえば五〇年代、改憲や国軍復活を目的に結成された右翼の横断組織「新日本協議会」に資金を提供したのは、右派財界人として知られる三菱電機会長の高杉晋一★22でした。また、同時代にフジサンケイグループの代表を務めていた鹿内信隆★23も、日本経済団体連合会の専務理事というポストに居座り、右翼との連携を維持しながら労働運動潰しに奔走します。

ちなみにフジサンケイグループの重鎮だった水野成夫★24は、日本共産党の元幹部です。この水野を筆頭に、かつての財界には日本共産党転向組をはじめとする元左翼が少なくなかった。

ルサンチマンもあったのでしょう。転向した者ほど、過去に依拠した思想を憎むようになる。ときに右翼と手を結んででも、左翼運動や労働運動をつぶそうとする。こうした者たちは左翼運動の内実を知っているからこそ、世の中の「赤化」を恐怖しました。

水野はその典型ですね

メディアが「赤化」されていると思いこんでいた水野は、財界の主張を代弁するような新聞が必要だと考えました。そこで、それまで東京と大阪でミニコミ的な扱いであっ

★22…高杉晋一（1892-1978）茨城県生まれ。実業家。東京帝国大学法学部を卒業後、三菱合資銀行部に入社。一九五六年、三菱電機会長。六五年には日韓会談の日本側主席代表となった。

★23…鹿内信隆（1911-90）北海道出身。実業家。一九五七年に水野成夫と富士テレビジョン（現フジテレビ）を創立。フジサンケイグループ会議の初代議長。

★24…水野成夫（1899-1972）静岡県出身。実業家。東京帝国大学法学部を卒業後、一九二五

た産業経済新聞を統合し、全国紙として展開します。

では、彼は産業経済新聞というメディアを手にして、何を守りたかったのでしょうか。もちろん、共産主義勢力から日本を守る、すなわち反共という目的もあったのでしょう。ある意味で国を守るという部分では、右翼だと言えます。ですが、フジサンケイグループというメディア右翼には、国を守るというよりも、財界を守るという大義名分がありました。

ひるがえって、二〇一八年を見てみると、ネット右翼的な文脈のなかに反共とか財界という言葉はあまり出てこない。「共産主義はダメ」という主張はあるけれど、それはあくまでも記号的なものにすぎません。

倉橋　共産党が嫌いだとか、左翼が嫌いという話でしかないです。

安田　ネット右翼から見ると、共産党が目立つ社会というのは、北朝鮮みたいな社会ということになる。もはや「反共」とか「財界を守る」とか、もっと言うと健全な資本主義を守るという昔の右翼が訴えていたような文脈は、いまのネット右翼をはじめとするうっすらとした右派のなかからは見えてこない。

棚上げされていた歴史認識問題が焦点化する

倉橋　ところで、先ほど安田さんからの話でおもしろかったのが、日本の右翼と韓国とのパイプの話と国交のために歴史を棚上げしたという話です。とくに日中国交正常化と

年に共産党入党。獄中で転向し、四〇年には大日本再生製紙会社を設立（後に国策パルプに吸収される）。その後は、五六年に文化放送社長、五七年にフジテレビ社長、五八年に産業経済新聞社社長を歴任するなど、マスコミに強い影響力を持った。

日朝国交正常化の両方に言えることですが、歴史認識の問題を棚上げしようぜ、あるいは戦後保障を棚上げしようぜ、という話は、両国のエリートが国交回復の前提として考えていたわけです。その詳細の一部は、木村幹『日韓歴史認識問題とは何か』（ミネルヴァ書房、二〇一四年）でも言及されています。

以下の話は、永野慎一郎・近藤正臣編『日本の戦後賠償』（勁草書房、一九九九年）にくわしいのですが、そもそも日本の戦後保障のやり方というのは、第一次世界大戦のときのヨーロッパの反省で、賠償金を保障するという話ではなくて、経済保障や経済発展の手伝いとして展開しました。日本は負けたにもかかわらず、国交正常化をするなかで、中国や韓国に対して多くの支援をしてきました。それにも背景があります。

戦後の冷戦構造が始まる。中華人民共和国の成立と朝鮮戦争がきっかけとなり、日本から過酷な賠償取りたてをすることは自由主義陣営の弱体化を意味し、得策ではないとアメリカは判断した。こうして賠償要件が緩和されはじめ、資産譲渡や無償経済協力という形態で、日本によって損害を与えられた国と日本とのあいだの二国間協定が可能になっていく。

外務省のＨＰ（「ＯＤＡ５０年のあゆみ」）にも掲載があるように、政府開発援助（ＯＤＡ）は戦後補償と並行して、一九五〇年代中盤から東南アジア諸国に対する巨額の経済協力として機能していくことになります。それが定着し、多国間援助協力、民間資金協力につながっていきます。ＮＧＯへの投資もこの流れに含まれるでしょう。ですから、戦後責任問題[★25]とＯＤＡによる経済協力を切りはなして語ることはできません。

こうした建前としての経済協力というのが前提にあるので、それを邪魔しないような歴史の棚上げや戦後保障の棚上げというのは、エリートのあいだで共通した認識だったのだと思います。経済発展を前提とした場合、先ほどの財界の話とリンクするのではありませんか。

中国や韓国の経済発展を支援するのと同時に、両国の支援に絡めたかたちで日本の経済を発展させていこうという話はあったはずで、実際に両国の経済復興・発展と日本経済は相互に依存するかたちになっていく側面は否定できません（前掲の『日本の戦後賠償』参照）。

しかし、その後、日本の経済復興がある程度成功し、エリートによる政治の統治も変化していくなかで、歴史認識問題などが起こっていく。中国や韓国に対する日本人の感情がネット右翼的、つまり嫌中・嫌韓になっていく流れは、こうした文脈のうえにあると考えられます。

他方、財界の話に関して言えば、現在の日本会議[★26]のうしろには大量の財界がくっついています。最近のネット右翼と財界のつながりと言えば、TOKYO MXが放送した「ニュース女子」を思いだします。沖縄に関して、とんでもない内容の放送を流した番組です。あの番組のスポンサーはDHCでした。

いわゆる財界系の人たちの保守的な意識や姿勢も、エリートたちが経済を優先して棚上げしていた歴史認識などの問題へのタガがはずれ出したときに、大きく変わってきたと思います。近年、韓国の民主化や中国の経済発展がだいぶ進みましたが、以前はとく

★25…戦後責任問題　九〇年代の戦後責任論は、戦後から始まった国家間賠償とは異なるかたちで展開した。周辺諸国の民主化によって、帝国期の植民地支配の責任、戦時動員や戦時性暴力の責任問題が顕在化することなった。

★26…日本会議　日本最大の保守系団体。一九九七年に「日本を守る国民会議」と「日本を守る会」が統合してできた組織。憲法改正や夫婦別姓反対、教育基本法の改正、靖国公式参拝の定着、そして自前の教科書を学校に普及することなどを主張している。主張の実現に向けて、地方レベルの草の根での活動を展開するのも特徴。

に経済的には、日本の財界は両国を格下に見ていたと思うのです。

たとえば韓国は、日本の経済規模と比較すれば、まだまだ小さいでしょう。そもそも、人口が少ないのでGDPは確実に日本のほうが大きくなります。隣の中国が八〇年代後半くらいに世界の工場と言われだしたころから、経済や軍事においては日本の脅威になっていく。そして、右派論壇界隈から脅威を煽るような言説が出てくる。

八五年に中曾根元首相が靖国神社に参拝したことによって、教科書問題★27などの文化領域が政治の対象となり、中国と韓国からバッシングが起こる。さらに、東西冷戦構造の崩壊にともなって、九〇年代に戦後責任問題が噴出することになります。

周辺諸国の民主化によって、帝国期の植民地支配の責任、戦時動員や戦時性暴力の責任問題をめぐって、それまで「物語る権利」を抑圧されてきた被害当事者の責任追及から逃れられなくなり、敗戦直後から繰りかえされてきた日本内部の戦争責任論争では対応できなくなっていきました。

こうした背景のもとで、棚上げされていた歴史認識問題が焦点化されることになる。それまでの財界の論理であれば「国家間の戦後責任の枠組み」と「経済合理性の発想」にもとづき、目をつむっていてもかまわない対象だったかもしれません。しかし、東アジアをめぐる情勢が経済発展や民主化によって変遷していくなかで、戦後補償と関わる歴史問題を中心にしながら、いまに至る軋轢が広がっていくことになります。

安田　昨今の徴用工をめぐる問題でも、企業の〝戦後責任〟が問われています。日本では政府も当該企業も、「暴挙」だと口をそろえていますが、これでは日韓関係がさざく

★27…教科書問題　日本における近隣諸国との歴史認識問題は、八〇年代をひとつの転換点としている。家永三郎の教科書裁判が継続されていた折、八二年に文部省が教科書の「侵略」を「進出」と書き換えさせたという「誤報」が中韓両国の批判を浴びることになった。「日本を守る国民会議」は、教科書への批判を不当な干渉と捉えた。と同時に、「政府の責任において是正する」という政府の姿勢にも強く反発していた。それによって「教科書問題懇話会」を開催し、独自の教科書作りに着手する。そして、八五年に原書房を通じて『新編日本史』の検定申請がなされるが、多くの修正を余儀なくされた。翌年出版されるも教育現場ではごくわずかしか採用されず、事実上消滅していった。だが、これをきっかけに「右翼教科書」として韓

れ立つだけです。

ちなみに、企業における反共教育みたいなものを、僕は以前に取材したことがありました。そして、七〇年代から八〇年代にかけてそれを率先してやっていたのは、なんと企業ではなく労働組合でした。民社党[★28]系の旧同盟は富士政治大学校[★29]を御殿場に作って、そこで徹底した反共教育を労働組合幹部に対しておこなう。そんなものを設立した理由は、総評に対抗することです。当時の日本では、労使ともに「反共」路線を歩んでいたのですね。

ところで、日本社会の「右傾化」ということがよく言われますが、倉橋さんはどうお考えでしょう。いわゆる戦前回帰的な動きが顕著なのか。それとも差別や排外主義の傾向が強くなっているのか。

日本社会は右傾化しているのか

倉橋　日本が右傾化しているのか。正直なところ、よくわかりません。

たとえば中野晃一[★30]は、揺りもどし説を唱えています（『右傾化する日本政治』岩波新書、二〇一五年）。ポイントとして、第一に日本における右傾化は政治主導（政治エリート主導）で起こったこと。第二に社会が右に行こうとすると左に戻す力が働き、左に傾くと右に戻るという揺りもどしがあった。結果として、長い時間をかけて右傾化してきた点を指摘しています。そして、揺りもどしが弱くなって、右寄りにバイアスがかかったときの

国や中国から批判を浴びる。

★28…民社党　日本社会党の右派が離党し、一九六〇年に結成した政党。当初は民主社会党と名乗った。民主社会主義を理念にしていたが、共産主義に対して強い敵意を持ち、自民党のタカ派よりもタカ派だとも言われていた。九四年、解党して新進党に合流した。

★29…富士政治大学校　一九六九年に設立された旧民社党系の政治学校。地方議員を対象に、政治家の養成を目的にしている。新人地方議員を対象にした政治専科と、同科の卒業生と二期目以上の地方議員を対象にした政策研究科がある。

社会は、右傾化して見えるだろうとも。

そのうえで中野は、現代日本の新右派転換を「新自由主義[★31]（ネオリベラリズム）」と「国家主義[★32]（＝ナショナリズム）」の組みあわせによって形成されているのが特徴だと述べます。グローバリゼーション[★33]を目指す前者と、ナショナリズムを喚起する後者は、一見矛盾するように見える。しかし、理念や利害が一致する点と、政治エリートと経済エリートによる権力の集中という政治的補完性がある点が、この組みあわせを可能にしていると言います。

他方、樋口直人はそこに排外主義を加えます。右傾化を判断する際に、排外主義の指標が入っていてこそ右傾化だと見るような視点もある。[★34]樋口の検証によれば、日本の排外主義は政治の右傾化と関係しているが、市民運動レベルでは在特会の会員数が伸び悩むなど、排外主義の蔓延に対するカウンターの存在が歯止めになっている。また、ヘイトスピーチ規制法ができるなど、右傾化は進むものの、それに対抗する動きがあることから、外国人排斥が進んだわけではないことがわかっています。

僕は、どの説を採用するのかという判断を留保したいところです。なぜなら、「右派」と言った場合は、ある程度の要件が揃っていれば説明可能な部分が多い。ですが、「右傾化」となると、判断材料と「傾化」のグラデーションという程度の問題が生じるからです。また、観察した時期によってもその傾きが変わる。

多様な人びとによって多様な視点から分析がなされているわけですが、「右傾化」というキーワードだけが一人歩きしてしまうとその多様さが失われ、内実がぼやけてくる

★30…中野晃一（1970-）東京都生まれ。政治学者。上智大学国際教養学部教授。専門は比較政治学、日本政治、政治思想。著書に『戦後日本の国家保守主義』（岩波書店）、『私物化される国家』（角川新書）など。

★31…新自由主義　政府の民間介入に反対し、自由な競争を重んじる経済政策。富裕層が豊かになることを黙認し、富裕層による投資や消費によって中間層や貧困層に富が再分配されるという考え方。だが、再配分がされず、富裕層に富が集中し、貧富の差を拡大するとも言われている。

★32…国家主義　ほかの何よりも国家に価値があり、したがって個人よりも国家に重きを置く考え方。自由主義や個人主義、共産主義、無政府主義などとは

という危惧があります。

つまり、拙著『歴史修正主義とサブカルチャー』で分析したような、現代の右派的な言説を支えるメディア産業のメカニズムや、熱狂的だが少数のネット右翼による「思想」に還元できない活動を、見落としてしまう可能性がある。その意味で、「右傾化」というのは、使うのがむずかしい言葉です。

安田　新聞社のデータベースで「右傾化」を調べると、一九八〇年代から「右傾化」を含むトピックスやニュースが登場します。そのころから、ずっと言われているということですね。いずれにしても、中曾根が首相になったときから、日本の右傾化が始まったというのがメディアにとっては定説なのかもしれません。実際、中曾根は強大な労組だった国労（国鉄労働組合）をつぶすために国鉄を解体したと述べています。つまり、それは総評の解体など、労働組合つぶしという狙いにつながる。

倉橋　「右傾化」という言葉が八〇年代に登場したのは事実だと思います。この場合の「右」とは、靖国神社を信奉するような愛国ナショナリストのことを指します。

ただし、首相やらなんやらというエラい人たちの「右」と、一般の人びとの「右」とが同一なのかどうかはわかりません。かつ、「右」が何なのかは、時代によって移ろうものだとも思います。トレンドのようなものもあるでしょうし。

先ほど検討したネトウヨの変化、つまり「いつのネット右翼か」を見ることの重要性と同じようなものが、右傾化にもあるだろうと思うのですね。ただし、昔からずっと活動を継続する右翼の人たちが大きく変わったかと言うと、彼らはまったく変わっていな

対立する思想。

★33…グローバリゼーション　経済・文化・政治などが国家などの境界を越えて広がること。また、それらが地球規模で一体化していくこと。

★34…「排外主義とヘイトスピーチ」、塚田穂高編『徹底検証　日本の右傾化』、筑摩選書、二〇一七年を参照。

いと僕は思う。

いずれにしても、右傾化とは社会状況が対象となる言葉なので、人びとが受けとっている空気みたいなものが右寄りであったり愛国的なものに近づけば、右傾化と言ってもよいとは思います。


安田　先ほど述べたように、右傾化という言葉自体は、八〇年代からマスコミなどで目につくようになりました。そして、その時代を僕らは生きてきた。

右傾化が言われはじめた当時の世の中は、僕のような自称左派にとってけっして優しい社会ではありませんでした。左翼的なことを言っている人は、変わり者だと思われていました。アホだと思われていた。ある意味では、世間から新興宗教の信者みたいに見られていました。

僕は政治的には早熟で、一〇代のころに三里塚に足を運んだりもした。社会への関心が特別に深かったとか、勉強ができたわけでもないけれど、現社会をひっくり返して革命を成就させることに単純な憧れみたいなものがありました。まあ、八〇年代にこんなことを考えていても誰も相手にしてくれません。

もしかしたら、左翼が強い時代などなくて、ずっと右翼が主流だったのかもしれない。いずれにしても、右傾化に関して僕が初めてヤバいと思ったのは九六年でした。すごくつまらないことをきっかけにして、ヤバいと思うことになった。

僕は九〇年代に「週刊宝石」[★35]（光文社）という週刊誌の編集部にいました。エロ・グロ・ナンセンスを地で行くような週刊誌で、政治的なことに関しても共産党だろうが自

★35…「週刊宝石」　光文社の週刊誌。一九八一年創刊、二〇

民党だろうが、スキャンダルがあったら何でも書いていく。つまり、無思想かつ無党派ではあり、アナーキーな雰囲気もありました。

また、同誌を発行していた光文社という出版社では、かつて、社員の多くが警察に逮捕されるくらいの大規模な労働争議があり……。組合に対するアレルギーがあったことから、左翼的な人が編集部に残っていなかった。かといってバリバリの右翼もいなかった。

次章では、雑誌の編集記者をやっていた僕が、何をきっかけにして右傾化を感じたのかという話を起点に、歴史認識などについて考えてみましょう。

○一年休刊。「週刊ポスト」「週刊現代」をライバル誌として、サラリーマン向けの誌面作りを展開。

第三章

歴史認識、ヘイトスピーチ、そして差別

九〇年代の「慰安婦」問題

安田　一九九六年あたりから僕は、記者のなかの中堅クラスになって、若い人に取材や執筆の基本イロハを教えるような立ち位置になりました。何人か新人の若い人が入ってきましたが、彼らは仕事にはまじめでした。ところが、仕事をはずれた席で、『戦争論』っていいですよね」とか「小林よしのりっていいですよね」と僕に語るのです。いまでいうネトウヨ的な文言に直面したのです。

そのときの僕は、そうした言説は絶対に受けいれることなどできなかった。だから、新人のそんな言葉に対して「はあ？」と思い、歴史論争というほど知的レベルの高い議論ではなかったけれど、日本は戦争で「よいことをした」「悪いことをした」みたいな稚拙な議論を繰りかえした記憶があります。三二歳の僕が、「若い奴は話になんねえな」と思った。

たとえば、それまでにも従軍「慰安婦」の話題などは、先輩や後輩らとの日常会話のなかにありました。あるいは、戦争の話題もあったけれど、基本的には「日本が起こしたのはアジアに対する侵略戦争だよね」ということで、保守的な人も含めて認識はほぼ一致していた。その認識はギリギリのところで広く合意されていて、カラオケで軍歌を歌うような右翼記者もいましたが、その人が日本による朝鮮の植民地化を否定するようなことはありませんでした。

そういう時代背景のなかで「従軍『慰安婦』って、いなかったんでしょう」と唐突に

★1…「週刊SPA！」扶桑社の週刊誌。一九八八年創刊。二〇～三〇代のサラリーマンをターゲットに、グラビアから社会問題まで幅広い情報を掲載。小林よしのりは「ゴーマニズム宣言」の連載を九五年まで同誌で続けた。

後輩から言われて愕然としたわけです。それを聞いたとき、仕事はどうでもよくなって、「こいつと、とことん話さなくてはいけない」という妙な使命感が生まれたのを覚えています。ですが、そんな話しあいをしても、一向にわかり合えることはありませんでした。

倉橋 小林よしのりの「ゴーマニズム宣言」は、「週刊SPA!」[★1]（扶桑社）で九二年一月から連載が始まり、九五年に「SAPIO」[★2]（小学館）に移って「新・ゴーマニズム宣言」となりました。「週刊SPA!」の時代には、部落問題やオウム真理教などを取りあげ、物議を醸しました。そして、「SAPIO」移籍後の九六年八月から、小林は「慰安婦」問題で歴史認識論争に入っていきます。

いま安田さんが述べたことを自分に照らしあわせてみると、九〇年代前半と後半とで状況がだいぶ異なります。九〇年代の前半、僕は子どもだったので、党派性や歴史認識に関する記憶がありません。九〇年代後半は高校生になっているので、なんとなく話が通じます。そして、僕が大学に入ったのは二〇〇〇年です。

つまり、僕の肌感覚で言うと、九〇年代の政治や歴史に関する議論は、すっぽり抜けています。大人になってから、その時期に右なり左なりの運動をしていた人たちの話を聞くと、九〇年代の前半と後半ではぜんぜん状況が違う。

僕の師匠は、フェミニストの大越愛子[★3]だったのですが、「慰安婦」問題に限っても、九〇年代前半は「当事者の告発をどのように受けとめ、どう戦後責任を果たすか」ということに注力し、ポストコロニアリズム[★4]的な状況のなかで必死に「慰安婦」を問題化す

★2…「SAPIO」 小学館の隔月誌。一九八九年創刊。編集方針は「世界で起きている最新情報を伝え、埋もれた歴史の真実に光を当てる」。九〇年代の中ごろより執筆陣は保守、または右派の人物が多く、ネット右翼と同様の主張も散見される。

★3…大越愛子（1946-） 京都府出身。哲学者、フェミニスト。元近畿大学教授。著書に『フェミニズムと国家暴力』（世界書院）、共著に『ジェンダーとセクシュアリティ』（昭和堂）など。

★4…ポストコロニアニズム 植民地主義の影響が、経済や宗教、人種、民族、ジェンダーなどさまざまな要素と絡みあい、旧植民地に格差や不平等をもたらしている状況を黙認せず、批判し、変革していくような思想。

るための言語を探しているような状態でした。

しかし、九〇年代後半になるとフェミニズムへのバックラッシュ、つまり「慰安婦」問題を否定する議論との闘いが始まってしまい、非常に苦しい状況に追いやられました（第四章を参照）。

「慰安婦」問題については、僕は『歴史修正主義とサブカルチャー』のなかで九〇年代前半の新聞を調査し、その内容を確認しました。すると、当時の産経新聞（以下、産経）も読売新聞（以下、読売）も「慰安婦」問題について普通に報道しているのがわかります。読売が「慰安婦」と「挺身隊」を混同していたりもする。その後の報道を見ていると、「強制連行」という言葉と「慰安婦」とを紐《ひも》づけて使っているのは、朝日や毎日新聞（以下、毎日）よりも読売や産経だった。「あれ?」という感じがしました。

いずれにせよ、当時は「慰安婦」問題に関するデータなどがきちんと揃っていなかったので、各新聞がお隣さんの様子を見ながら、探りさぐり書いている感じでした。真相がわからず、評価が定まっていないような状況だったと言えます。

その後、「慰安婦」問題を政治の課題として対応する必要が生じたため、政府は九三年に「河野談話」[★5]を発表し、一九九五年に政府の資金と民間からの募金で「女性のためのアジア平和国民基金」[★6]（アジア女性基金）を作りました。

ところが、韓国で元「慰安婦」を支援する運動をしている人たちと当事者が、法的賠償ではないことを理由に基金から出された補償金の受けとりを拒否する。このように、補償をめぐっても十分なコンセンサスが得られたわけではありませんでした。

★5…河野談話　一九九三年の宮沢内閣時に、日本政府の談話として河野洋平官房長官（当時）が日本政府の談話として、韓国の元従軍「慰安婦」への謝罪と反省を公表。
★6…女性のためのアジア平和

IT系とネット右翼の関係性

倉橋　一九九〇年代後半になって、情況が混迷を極めてくると『慰安婦』なんて、あとから使われた言葉で、当時はいなかったんですよね」とか『慰安婦』は売春婦ですよね」、「韓国の陰謀ですよね」、「朝日の陰謀ですよね」と言いだす人たちが実際に登場しました。

僕のまわりで『戦争論』を読んでいたような高校生は、そういう考え方をしていた。ちなみに、そのうちの一人は、いまだにFacebookで櫻井よしこ[★7]の「櫻ライブ」の放送日程をシェアしてきます。結婚して子どももいるのに。やめろよ、と言ってやりたい。その彼はIT系に勤務しています。

安田　IT系って、ネット右翼的な人が多くないですか。

倉橋　多いです。

安田　それはなぜですか。

倉橋　シンポジウム「ネット右翼とは何か」で松谷満が報告したのは、桜井誠に誰が投票したのかという調査とその結果です（発表のタイトルは「ネット右翼活動家の『リアル』な支持基盤」）。次ページの「表1」で一覧を見ることができます。

投票者は男性が多く、かつ三〇代と四〇代が多いです。職業別では「保安業」が三・五％と高い。ガードマンや元自衛官、警察官などが含まれます。「専門職」の人は全体の一・九％です。その内訳のなかで一番多いのが情報処理技術者なのです。つまり、I

国民基金　村山富市内閣時に、政府資金と民間の募金を募って設立された基金。元「慰安婦」への福祉、医療、償い金の支給が目的だった。しかし、韓国の運動団体よる受けとり拒否が発生し、暗礁に乗りあげる。二〇〇七年に解散。

★7…櫻井よしこ（1945-）ベトナムのハノイ出身。ジャーナリスト。公益財団法人国家基本問題研究所理事長。日本の右派におけるリーダー的な存在。著書に『エイズ犯罪　血友病患者の悲劇』（中公文庫）、共著に『朝日リスク』（産経セレクト）など。

		桜井投票	実数
性別	男	1.9%	236
	女	1.0%	111
年代	20代	1.2%	23
	30代	2.2%	110
	40代	1.8%	128
	50代	1.2%	61
	60代以上	0.5%	25
職業	専門	1.9%	87
	大企業ホワイト	1.3%	43
	中小ホワイト	1.2%	52
	自営ホワイト	1.5%	23
	大企業ブルー	1.5%	4
	中小ブルー	1.8%	12
	自営ブルー	3.5%	6
	販売サービス	1.7%	49
	保安	3.5%	7
	農業	2.6%	1
	学生	0.4%	1
	専業主婦	1.0%	33
	無職	1.3%	29

情報処理技術者	30
医療従事者	15
芸術家（講師含む）	12
建築・機械等技術者	8
教育関連	4
その他	18

＊有意差なし
学歴　中高卒／大卒
雇用形態　正規／非正規
世帯年収　7区分

表1　社会的属性と桜井への投票

T系の人。そして、韓国が嫌いな桜井支持者は、六割以上の人が立憲民主党や共産党も嫌っています。結局、反左翼と排外主義の傾向が如実に出たものでした。

二〇一八年二月に単著を出してからは、僕もいろんな人から「Twitter で絡まれるようになりました。本の内容に対して、著者である僕に直接絡んでくるのではない。「何だこんなクソ本」というふうに読んでもいないのに言及して、評価をおとしめるような書きこみをするのです。その手の人たちのプロフィールを見るとＩＴ系が多い。システムエンジニア、プログラマー、ウェブデザイナーなどです。これは僕の印象なので、実証的ではないのですが。

僕らの世代は、インターネットを初期のころから使っています。我が家の場合、父親が九五年に物珍しさからウインドウズ95の入ったパソコンを買ってきて、ダイヤルアップで接続していました。一方、しかし、〇一～〇二年くらいまでは、普通の人はあまりインターネットを使っていませんでした。世帯普及率は五〇％を超えていません。

一般大衆に普及する以前の時代からコンピュータやインターネットに触れていた人たちは、自分が使っている情報技術の先進性と正当性、すなわち自分が使っている情報技術のなかにあらわれてくる情報の先取り感や先進性、そして正しさみたいなものに、ものすごいシンパシーを感じている。僕には、そう見えました。

初期からインターネットを使っているユーザーは、もう四〇代以上の世代です。そして、その人たちが初期のインターネットを語るときの論調というのは、「自由」なイメージです。たとえば、「サイバースペース」という言葉に代表されるように、新しい空間・新しいメディアが自分たちの手に入り、情報を発信・受信できる機会ができたことへの期待が膨らんでいました。

また、ＩＴベンチャーが集ったアメリカ西海岸で流行した「カリフォルニアン・イデオロギー」[★8]にしてもそうでした。ベンチャー的な雰囲気のなか、新しい技術や、著作権の考え方が所有から共有に変わっていく契機を見いだすなど、非常にリベラルで開放的な言説が主流だったように思います。

★8…カリフォルニアン・イデオロギー　情報技術が人間の可能性を最大限に引きだし、コンピューター・ネットワークに覆われた世界は、誰もが自由で誰もが豊かになっていくとするアメリカ西海岸の熱狂や信仰を皮肉ったリチャード・バーブリックとアンディ・キャメロンによる呼称。

安田　僕もまさにそうです。ネット言論をある種のゲリラジャーナリズムだと捉えて、大マスコミへのカウンターとなるべき存在だと考えていました。そうした論調の記事も一九九〇年代に書いていています。

倉橋　ある種のハッカー倫理のイメージというか。「新しい技術によって、新しい俺たちの空間が出てきたんだ」というノリは、まちがいなくありました。当時は、ネットに関する規制がほとんどなく、既存法で対応していたのも「自由」なイメージを抱かせる契機となった。しかし、九九年に通信傍受法、二〇〇一年にプロバイダ責任制限法が成立・施行されるなど、やたらと規制がかかっていく。ネットの規制は、二〇〇〇年代以降の特徴の一つです。

自分で選び、自分で発信したものは「正しい」のか

倉橋　文化的側面を考えると、一九九〇年代の「エロ・グロ・ナンセンス」で自由な、それこそハッカー的な感じの、どんどん自分たちでいろんなものを作っていく様子を、僕はリアルタイムで見ていました。高校時代、パソコン好きな友人は、自分でパソコンをカスタマイズ（アップグレード）して、MIDI や簡素なプログラムや html を覚えて楽しんでいた、という時代を思いだします。

その時代からずっとパソコンに親しんでいて、自分たちの技術を開発して、ＩＴを商売にしていった人たちは、技術の先進性と言語空間の先進性を混同し、同列に考えてし

まっている印象は非常に強く持っています。つまり、技術の新しさとネットで初めて知った情報との親和性が高い。おそらく、この人たちは初期から2ちゃんねるなどに入っている人たちでもあります。

安田　そういう人たちって、自分たちのなかでは情報の取捨選択ができていると思っているのですか？

倉橋　思っていますね。

安田　僕の甥っ子は二〇代ですが、ネット右翼にはなっていません。僕らの世代より上の世代などは、ネット情報を鵜呑みにしてしまっている人が少なくない。けれど甥っ子の世代だと、ある程度のリテラシーは備わっている。彼らは、ネットには嘘もあるし本当もある、ということをわかっていて感心します。玉石混交の世界であることは理解している。ネットの情報は、しょせんネットの情報だ。そのように突きはなしたうえで、楽しんでいるようなところがある。

倉橋　おそらく、そのとおりだと思います。むしろ、積極的に何かを選んでいる感じもする。つまり、自分で選んだ情報があり、自分が選んだ職業があり、自分で選んだ世界がある。だから、基本的には積極性があるはずなんですね。

永吉の調査にもあったように、ネット右翼と呼ばれる人たちは、情報に対して積極的にアクセスする傾向があります。それは学校で仕方なく教科書を読んだり、放映されているテレビ番組をなんとなく観たりするような、受動的な情報接触とはベクトルが違います。

ここに、ネット右翼が「教科書問題」や「マスゴミ批判」をする理由の一端があらわれているかもしれません。雑誌を買う、検索する、自ら発信する。これらは、能動的に情報を取捨選択しているわけであり、その意味においては、彼らには情報を受動的に受けとることに対する「反動」がある、という側面を見いだせるかもしれません。

安田　なるほど。自分で積極的に選び、自身で発信していくなかで立ちあがった風景は正しい、ということになる。

倉橋　そのことが歴史問題と大きく関わっていておもしろい、と気づかされたのが、伊藤昌亮★9という社会学者の分析です。内容は、二〇〇二年に日韓ワールドカップが開かれたときに、韓国のＮＨＮ（現ＮＥＡＶＥＲ）が「エンジョイコリア／エンジョイジャパン」という日韓翻訳掲示板を立ちあげました。元在特会の桜井誠が活動したことで有名ですが、その掲示板が分析の対象となっています★10。

その掲示板で日韓の歴史認識問題が話しあわれる機会がありました。サッカーの話もあるし、歴史認識の話もあるというかたちで。書きこみをしている韓国側の人たちと日本側の人たちが、歴史認識を争う議論の場にもなったんですね。

そこでは、伊藤いわく「韓国側ユーザーが歴史教科書や歴史マンガなどから二次情報・三次情報を持ちだしてくるのに対して、日本側ユーザーは学術論文のほかにも記録資料や外交文書など、しかも和文のものばかりでなく漢文や英文のものまで含めて、さまざまな一次資料を図書館や史料館などから探し出してくる」ようなことが起きていたそうです。

★9…伊藤昌亮（1961-）社会学者。成蹊大学文学部現代社会学科教授。専門はメディア論、デジタルメディア、社会運動、集合行動。著書に『フラッシュモブズ』（ＮＴＴ出版）、『デモのメディア論』（筑摩選書）など。

★10…「嫌韓ヘイトスピーチの始原に」
http://inclusive-media.net/note-06/1.html

日本側には何人かの有名な2ちゃんねるのユーザーが関わっており、歴史認識問題では韓国側のユーザーをコテンパンにやっつけたと言います。どうやってやっつけたのか。単純に言いまかしただけではありません。日本側は図書館に通うだけではなく、アジア歴史資料センターへも足を運んでいます。そこで一次資料を確認したうえで、韓国側に対して「それは違う」というような議論をやっていたのです。

日本側の人たちは、とくに保守思想や右翼思想の持ち主が多いというわけではありません。ただ単純に、「インターネットを使っている馬鹿が嫌い」という、ある種のインターネット選民思想があったようなのです。そして、日本側のやっつけ方（＝論破）があまりにも効果的であったがゆえに、真似する人やフリーライドする人が大量に出てきた。

以上が伊藤の説明の概要です。話題になった掲示板のやりとりを、当時の僕は直接見ていません。でも、なんとなくわかるな、という気がするんです。相手をやっつけたいという気持ちが先鋭化していくことによって、内容がおざなりにされ、大量にコピー&ペーストがおこなわれ、さらには劣化コピーが増えていくことになる。最初に韓国側を論破した人たちがかっこよく見えた。自分たちもやってみよう。でも簡単にはやれない。だからコピー&ペーストで……。

歴史認識問題で日本側が韓国側を論破したことは、「私たち」が使っている技術をもちいて、「私たち」で成功体験を得た、という昂揚感みたいなものにつながったのではないかという伊藤の分析には、なるほどと思わされるところがあった。

インターネットは、記録がなかなか手に入らないし、述懐的な記述が多く、実証的な側面では資料として扱うことがむずかしい。とはいえ、伊藤の議論は、いま僕が考えているネット言説の分析と感覚が近い。

歴史修正主義の本を書いた理由

倉橋　ところで、僕は『歴史修正主義とサブカルチャー』という本を、多くの理由があって書きました。たとえば、前述のようにIT系の友人がネット右翼的な情報をSNSでシェアするようになったり、とか。音楽つながりで言えば、メタル系の友人がFacebookのカバーのところに靖国神社の写真を載せだした、とか。そういった細かいことが重なって、歴史修正主義が気になり出しました。論じる対象に一九九〇年代を選んだのは、自分の人格形成期と同時代の歴史について知りたくなったからです。

本を書いた理由のなかで、非常に具体的かつ大きなものの一つは、自分の友人に向けられたヘイトスピーチでした。僕が仕事や研究で出入りしている某大学には、朝鮮語を教えている在日朝鮮人の先生がいる。この先生は、僕とは師匠が同じ先輩で、昔からの知りあいでした。

二〇一三年の年末に、某大学で先輩が講義をしている時間内に、文部科学省（以下、文科省）宛のメッセージカードを学生有志が配布しました。メッセージの内容は、高校無償化の対象に朝鮮学校を含めることを求めるものです。カードへの署名は任意で、署名と成績は関係なく、回収は学生有志がおこなうことを案内したうえで、先輩は配布と回収を許可しました。

その日から約一カ月が経過したとき、講義に参加していた学生の一人が、カードへの署名が強制されたとの誤情報を流しました。それを契機に2ちゃんねるなどで、先輩に対する猛烈な誹謗中傷とヘイトスピーチがおこなわれ、拡散される事態になったのです。

大学側は、誹謗中傷やヘイトスピーチに触れないまま、先輩の対処が不適切だったとしたうえで、「指導」するという愚挙に出ます。その後、先輩へのヘイトスピーチや大学の対応を問題視した全国の大学教員が立ちあがり、教育現場における差別やヘイトを許さないという声明が出されるなど、先輩を支援する動きが広がることになります。

この先輩と僕との関係ですが、先輩夫妻の結婚式で僕がギターを弾くなど、僕にとっての夫妻は実質的にお兄ちゃんとお姉ちゃんみたいな存在です。だから、このキャンパス・ヘイトスピーチは、僕にとってすごく大きな問題だったのです。そんなきっかけがあり、「研究者は、ヘイトスピーチに対して何ができるのか」ということで、歴史修正主義とサブカルチャーを横断して研究するという僕のプロジェクトが始まりました。

倫理学者は、規範理論として「差別とは何か」という議論に介入しました。社会学者は、ヘイトスピーチのフィールドワークをはじめました。その流れのなかで、僕自身は歴史修正主義の研究をしていたので、そこから何ができるのかを考えたのですね。

また、僕がやっているデスメタル・バンドのドラマーは韓国人なんです。在日ではなくて、韓国のソウル出身。ある日、彼の家の近所にあるコンビニに行くときに、彼が地元の若者たちからヘイトスピーチをくらっている場面に遭遇しました。

それだけでなく、僕が暮らしているのは大阪なので旧在特会の動きがあったり、そのカウンターが集まったりと、ヘイトの現場が目に入ってきます。僕だけでなく、教えている学生たちも気にしていました。ジャーナリズムの実習などでは、ヘイトスピーチに関する短いドキュメンタリーを撮る学生もいた。

このように、ヘイトを身近に感じたことが、本を書くきっかけにもなっています。

安田　ヘイトスピーチの被害者である倉橋さんの先輩は、そういう目にあったことについてどう語っていましたか？

倉橋　先輩は、自分自身が朝鮮人差別とか在日アイデンティティ・ポリティクス★11などを研究していたので、ヘイトの渦に巻きこまれても落ちついていました。むしろ、当人以上にまわりの人たちが怒ったことに驚いていました。

怒りと驚きの理由は、キャンパス・ヘイトスピーチだったことがあげられます。研究者が働いている現場でヘイトスピーチがおこなわれたうえに、それが女性に向けられているという「複合差別★12」の性質を含んでいた。

だからこそ、研究者たちは当事者意識を持ち、大きな問題として受けとめました。そして、それぞれの研究者が自らの問題意識にもとづいて、対応していきました。

★11…アイデンティティ・ポリティクス　人種、民族、ジェンダー、性的指向性など、ある特定の属性に起因する社会的不平等ないし、奪われた価値や尊厳を取りもどし、社会的承認を得られる状態を実現するための政治的実践と理論。

★12…複合差別　複数の差別が結びついたことによって起こる差別。たとえば、「人種とジェンダー」とか「民族と身体障害」というように、単体のカテゴリーだけでも差別されるうえに、相互の差別が絡みあい、複雑に入りくんでいる状態。片方の差別だけに着目すると、もう片方の差別が見えなくなることもあり、対応には注意が必要となる。

取材したくてネット右翼を取材したことはない

倉橋　ところで、安田さんはなぜネット右翼の取材をするようになったのですか？

安田　ネット右翼を取材したくて取材したことは、一度もありません。汚《けが》らわしいと思うだけで興味もなかった。くわしくは『学校では教えてくれない差別と排除の話』（皓星社）という本に書きましたが、元は雑誌記者をやりながら移民労働者の問題を取材していました。取材対象としてきたのは、おもに日系ブラジル人や中国人の技能実習生です。そうした人々に対する差別の現場を目にして、憤慨することが多かったのは事実です。

たとえば、在日ブラジル人を追いかけていると、非正規労働だし「外国人だから」という理由で労働現場における差別があるものの、彼らはそれを蹴散らしてきた。しかし、それらとは違う文脈の差別が出てくるようになってきた。とくに在日ブラジル人の集住地域で。「あそこは特別変なところで、怖いところだから、行っちゃいけないよ」と日本人の親が子どもに言っている。その言葉に、排外的な空気を感じました。集住地域が周辺から孤立していくような風景を見たのです。

くわえて、景気が悪くなるのにともない、理不尽なクビの切られ方をする外国人労働者が増えていった。あるいはリーマンショックで多くの外国人が解雇される。浜松で見た風景です。多くの外国人がハローワークに並ぶ。駅前にたむろする。集まるのは情報交換のためなのですが……。

今度は、外国人がたむろしていること自体を「怖い」と言う人が出てきた。そう言いだした人は、僕に取材協力をしてくれていた日本人で、ブラジル人との相互交流などを積極的に推進してきた人だったのです。それまでシュラスコ[13]パーティーやサッカー大会を開いたり、盆踊りにサンバを導入しようと提案していた人でした。

ようは、仕事をしていて、がんばっているブラジル人と接しているときには、日本とブラジルの交流を推進しようと言っていた。しかし、ブラジル人の仕事がなくなり、彼らが働く側の権利を主張をするようになってくると、治安悪化の対象として見るようになる。とくに子どもを持つ人などは、「子どもが危ない」と言いだす。それまでは仲間として見ていたのに。

当時はLINEなどがなかったので、携帯電話の一斉メールで情報を流す。「どこどこにブラジル人がたむろしているから、お子さんを近づけないように」とか「コンビニで女の子がブラジル人に声をかけられたから注意しよう」とか。

排外的な風景というのは、こうしてできていくのかと、ショックを受けながら取材をしました。ブラジル人の移民労働者の取材は、一九九〇年代の後半からつづけていて、今世紀に入った二〇〇六年に入ったあたりから、日系社会への差別と偏見を強く意識するようになりました。

移民労働者を取材する流れのなかで、僕は中国人実習生も取材しました。そして、日本の裁判所でおこなわれた実習生の裁判で、いまで言う「在特会」に連なる人びとを初めて見ました。西村修平[14]や瀬戸弘幸[15]が裁判所に押しかけてきた。

★13…シュラスコ　牛や羊の「肉の塊」に塩をかけ、大きな串に刺して焼き、焼けた部分から切りとって食べるブラジル料理。

★14…西村修平（1950-）　秋田県出身。右派の活動家。多くの右派団体で代表を務める。行動する保守のさきがけとなった人物。元在特会会長の桜井誠に街頭宣伝の方法を教えたと言われるが、現在、両者の関係は決裂している。

僕はあまりネットをやりませんでしたが、ネット右翼的な言説が掲示板などに流布されているのは知っていました。とはいえ、どちらかというとネット右翼というよりも「チャンネル桜[★16]」が気になっていた。なぜかと言うと、僕が外国人に関して書いた週刊誌の昔の記事などが、チャンネル桜の掲示板で批判されている、と知りあいの編集者から聞いたからです。

どんな批判をしているんだろうと書きこみを目にすると、僕への批判など微々たるもので、それ以外の批判にものすごく興味を持ちました。マスコミ批判です。倉橋さんの本に書かれているような、朝日に対する憎悪がすさまじい。そんな状況を、僕はそのとき発見するわけです。

ですから、チャンネル桜の掲示板に汚らしく激しくマスコミ批判を書きこんでいるような人がいることは知っていました。でも、生身の人間として向きあった経験がそれまではなくて、〇七年の実習生の裁判で初めて対峙することになります。

中国人の実習生がオーバーステイで逃亡中に警察官に殺され、親族が国に損害訴訟を求める裁判に、ネット右翼の彼らが押しかけてきた。僕が裁判所のなかで取材をしていると、外がやけに騒がしい。裁判所の職員に「どうしたんですか」と聞いたら、「右翼が来ている」と言う。そのときまで僕は、右翼と言えば街宣車と隊服の世界しか想像できない。どんな右翼が来ているのか見にいこうと外に駆けだしました。

すると、目の前に大勢の人がいたのですが、隊服の人など一人もいない。黒塗りの街宣車もない。そこにいるのは、ジーンズにトレーナーを着た人、庭いじりが似合いそう

★15…瀬戸弘幸（1952-）福島県出身。右派の活動家。「行動する保守」であり「ネット右翼」であることを自称する。日本第一党の最高顧問。

★16…チャンネル桜　正式名は、日本文化チャンネル桜。テレビ番組の製作や動画の配信サイトを運営する。番組の内容は保守的なもので、出演者の多くは「ＷｉＬＬ」や「月刊Ｈａｎａｄａ」の執筆陣と重なる。現在はネット配信のみをおこなっている。

な高齢者、あるいは主婦っぽい人、会社帰りのOLと思しき女性、そしてサラリーマン風の男性……。ありとあらゆる人がいた。そうとしか言いようがありません。

そして、彼らは「支那人を射殺せよ」とシュプレヒコールを繰りかえしました。「支那人」という言葉と「射殺せよ」というストレートな表現が、僕の心にグサッと刺さり、「なんだこれは」と思いました。ただし、僕がそのときに正直に思ったことを言うと、記者としての興味もわきました。心にグサッときたけれど、直接的な痛みとか憤りというのではない。いま思えば、興味本位だったんです。この人たちは何者なんだろう、と関心を抱いた。それがネトウヨ取材の端緒です。

ヘイトスピーチの被害者への気づきが遅れた理由

安田　僕の周囲の、仕事仲間や取材先とは関係のない在日コリアンの友人は、その多くが運動圏外の人です。デモにカウンターとして参加しているわけではありません。彼らは、ネット右翼の話をしても、沈黙している。その話を振られること自体を嫌がる。会話がつづかないから、僕もネット右翼の話を避けるようになる。当然のことだと思います。

当事者だからこそ、被害を語るべきだというのはマジョリティの傲慢です。ヘイトスピーチの最大の害悪は、被差別当事者に沈黙を強いることだと僕は思っています。黙らせる、あるいは表現や言葉を奪いとる。友人たちが沈黙しているのは、巻きこまれたくないからです。巻きこまれて嫌な思いをしたくない。傷つきたくない。絶望したくない。

そして言葉を奪われたくない。自由な表現を失いたくない。そう思っているからです。リベラル陣営の一部からも「ヘイトスピーチも表現のひとつ」だとして、ときに容認論のようなものが飛びだしますが、冗談じゃない。マイノリティの表現が奪われているのに、自由も何もあったもんじゃない。

在特会など差別集団の取材をはじめて、僕もようやくそのことに気がつきました。僕はたまたま実習生に対するヘイトから彼らの存在を知った。その後、二〇〇七年一月に在特会が結成され、宇都宮地裁に集まった集団が同会に合流していくという流れを追いかけることになります。取材をしつつ、僕はいろんな週刊誌に売りこみました。右翼っぽい変な奴らのことを書きたい、と。あくまでも「変な奴らが出てきた」という文脈でしかありません。いま振りかえってみれば、まさに問題意識というものでもない。恥ずかしい話です。

ところが、どこの編集者も断るんですよ。当時、僕の主戦場は「週刊文春」[★17]（文藝春秋）や「週刊新潮」[★18]（新潮社）をはじめ、新聞社系の週刊誌でも仕事をしていた。ところが、どこの媒体も嫌がる。この手の話題を。編集者のロジックは同じで「いつの時代も変な奴はいるでしょう。右翼っぽい奴っているじゃん」と。だから、あえて取りあげるほどの大きな社会の動きではないと言うのです。

「最近の編集者って感度が悪いなあ」と思いつつ、仕方がないから今度はリベラル読者を相手にしている雑誌などにネタを持っていく。しかしそこでもまた一蹴される。「なぜですか」と聞いたら、「こんな変な人たちを載せたくない」とか「質が落ちる」み

★17…「週刊文春」　文藝春秋の週刊誌。一九五九年創刊。芸能界から政治家まで、スキャンダル記事を得意とする。やや右寄りだが、あまり党派性は感じられない。二〇一八年一〇月の時点で、国内でもっとも売れている週刊誌。

★18…「週刊新潮」　新潮社の週刊誌。一九五六年創刊。週刊文春と同様に芸能界から政治家まで、スキャンダル記事を得意とする。保守系だが、「ＷｉＬＬ」や「月刊Ｈａｎａｄａ」ほど右に偏ってはいない。

たいなことを言われました。

このように書く場所がないので、僕は途中で取材を一回止めてしまいます。でも、編集者や知りあいの新聞記者に会うと、誰もが彼らの話をしている。「変な奴が増えてきたよね」「どんな奴なんだろうね」と。しかし、誰もが記事にはしない。

いまにして思うと、僕らは肝心なものを見ていなかった。僕らが見ていたのは、変な奴らの「顔」だった。変な奴らが何者かということに興味や関心を持っていた。僕自身も、奴らがどこから来たのか、どこへ行こうとしているのか、その組織を誰がコントロールしているのか、金はあるのかないのか、といったことに興味を集中させていました。

ところが、ヘイトスピーチには発する側がいるとともに、受けとる側もいるわけです。僕らは加害者しか見ていなかった。つまり、被害者の存在に強い関心を持たなかった。デモの現場へは行く。原稿は書かない。そのときに、誰かに危害がおよんでいるということへの気づきが、まるで欠落していました。

あとになってから、ヘイトスピーチというのは、あるいは差別や偏見を持ったデモというのは、被害を量産していることを理解する。そして、前述のとおり僕の在日の友人たちは一様に沈黙している。僕は、彼らがヘイトスピーチに関わることを避けたがっているというのはわかったけれど、それ以上を考えることはしなかった。なぜ沈黙せざるをえないのかということは、徐々にわかってきたことでした。ヘイトスピーチがもたらす沈黙の効果を知ることになります。

★19…歴史のトリビア　ある歴史的な出来事などについて対話するときに、些細な歴史的事実の確認やひとつでも証拠が示されなければ論証できていないといった「木を見て森を見ない」態度を取る際によくもちいられ、相手を論破しようとする際に使われる。

★20…ウォー・ギルト・インフォメーション・プログラム　文芸評論家の江藤淳が主張したGHQの占領政策のひとつ。このプログラムを『閉された言語

沈黙を強いることの罪

倉橋　被害を受ける当事者ですが、被害の程度は人によって変わるかもしれません。他方で、ヘイトスピーチや差別のようなものは、当事者のみならず、まわりの人たちをも沈黙させる。しかも、そこに歴史のトリビア★19などが入ってくると、余計に沈黙させられてしまう。これは大きな問題です。

ヘイトスピーチのように強烈な差別の言葉は、あまりにも怖く、それに嫌悪感を抱きつつも反論する気すらくじく効果がある。さらに、歴史認識に関しては、大量の知識をひけらかすことで、知識のない人を簡単に黙らせてしまう効果があり、その知識が明らかにまちがっていたとしても、沈黙を強いられることになりがちです。

当事者のみならず、沈黙を強いられる多数の「普通の人」からも、表現の自由を奪ってしまう。この点は、危惧する必要があると思っています。

たとえば、「慰安婦」の問題にしても、日韓併合や第二次世界大戦、日中戦争という歴史の流れを知らない人にとっては、話題にすら入っていけない。「論破」するためには、相手が持っていないトリビアとなる話を一個だけ入れるだけで十分なんです。トリビアが、GHQが占領期におこなった検閲やプロパガンダに関する計画の「ウォー・ギルト・インフォメーション・プログラム（War Guilt Information Program）」★20による洗脳の話であっても、「張作霖《ちょうさくりん》列車爆破事件」★21は関東軍ではなく「コミンテルン」★22の仕業という説が極めて有力」というような陰謀論でもいい。

空間』（文春文庫）のなかで江藤は、「戦争についての罪悪感を日本人の心に植え付けるための宣伝計画」と呼んでいる。右派の論壇人が好んで引用するもの。実際のところは陰謀論である。

★21…張作霖列車爆破事件　一九二八年六月四日、張作霖が乗った列車が奉天駅付近で関東軍の謀略で爆破された事件。張は爆死し、事件は国民党の便衣兵によるものだと日本政府は発表。だが、実際には事件は関東軍参謀の河本大作によって工作されたものであった。

★22…コミンテルン　共産主義インターナショナルの略。第三インターナショナルとも呼ばれた。共産主義政党の国際組織で、一九一九年に創立。四三年に解散した。

「WGIP」「張作霖」「コミンテルン」……。いずれの単語も、知らない人にとっては非常に歴史トリビアだと感じるはずです。それらが文脈的に正しくもちいられているのかとか、歴史的に正しいのかなんて関係なく、まったく別の次元で相手を沈黙させてしまう。それこそが、言論に対する最大の暴力的な行為だと僕は考えています。

ヘイトスピーチと言論の自由を考えた場合、何を言われてもへっちゃらだという人（当事者）も、おそらくいると思うのです。実際にどうなのかは当人にしかわからないけれど、そのように発言する当事者に会ったことがあります。ただし、ヘイトスピーチの定義には「扇動」というものも含まれている。つまり差別を扇動する。そのことの「悪」は、当事者を越えて影響をおよぼすものだという気はしています。

「差別」というものには歴史性があります。朝鮮人に対する差別や中国人に対する差別にせよ、女性に対する差別にせよ、黒人差別にせよ、これまでの歴史があったわけですね。にもかかわらず、「在日特権」のデマに見られるように、ヘイトスピーチは歴史を無視しておこなわれている。「女性差別なんてない」という場合も同じです。つまり、昨今のヘイトスピーチは差別の歴史を否定したうえに成りたっている差別だと言えます。

ヘイトスピーチのように差別を大衆の目の前で見せることは、ある種、差別のパブリックビューイングを開催しているようなものになる。くわえて、第三者に対して差別を扇動する作用がある。

先ほど差別には歴史があると言いましたが、ヘイトスピーチによる差別は、歴史的に昔からあったものを肯定して温存する、ということを意味します。そのことこそ、最大の悪だと言えます。差別の歴史を否定し、実際に差別がある現状を肯定的に語る。そのこと自体が、差別の温存につながっていくわけです。さらに、安田さんが述べたように、表現の自由を奪い、沈黙を強いていく。

ヘイトスピーチをする側は、他者の表現の自由を奪うことや他者に沈黙を強いることをけっして否定しません。自分の表現の自由は最大限に主張し、自分が奪った他者の表現の自由や他者の声を奪うことに関しては、何ら説明をしません。その手法自体が差別の肯定と温存に加担するので、現状を変える気がまったくない。まさに悪質きわまりないと言えましょう。

安田　そう、醜悪以外の何ものでもありません。社会に分断と亀裂を持ちこむものであり、人間の存在を否定するものでもあります。不正義の極みです。しかも他者の表現を奪いとり、沈黙を強いていながら、自らの〝表現の自由〟だけは声高に主張する。そこに一部の〝表現の自由絶対論者〟までもが同調する。こうした人々は不寛容に対して寛容で応えているだけで、被害の存在をまったく無視しています。

そもそも人間は差別する生きものなのだからと、わかりきったふうな物言いをする人間が多すぎる。そこを理性で乗りきることこそ、人間らしさというものではないですか。

僕がなぜ、差別に対してそこまで嫌悪を感じるかといえば、被害者の存在を無視できないこともありますが、さらに言えば、差別と偏見の向こう側に、戦争と殺戮の風景が透けて見えるからです。

ヘイトスピーチは、けっして「新しい社会現象」ではありません。九六年前、関東大震災直後の東京で何が起きたのか。朝鮮人であるという理由だけで、あまたの朝鮮人が虐殺されたのです。日本社会は実際に、差別と偏見をもって、大勢の人を殺してきた。しかも加害者は、誰が見ても一目でわかるような札付きのレイシストだけではなかった。普段は人のよい労働者や商店主が、主婦が、お年寄りが、デマを信じて朝鮮人を殺した。竹やりで刺し、縄で縛り、つるした。悪い奴を成敗したのだと信じこんでいた。それを見て、子どもたちまでもが親の「不正義」に同調したのです。

こうした現象は、日本だけのことではありません。ナチス政権下のドイツで、あるいは一九九〇年代半ばのルワンダで、差別と偏見が殺戮を生みだしてきた。米国でも黒人であるという理由だけで、多くの人が殺された。

何度でも繰りかえします。ヘイトスピーチは人と社会を壊すものです。表現の自由として、その価値を守ること自体がまちがっています。

物言う弱者に対する排除や差別

倉橋　安田さんが言及していたので、在日ブラジル人についてすこし話します。

僕の出身は愛知県蒲郡市で、豊橋市内の高校に通いました。あの周辺って、田原市や浜松市が近くにある。つまり、トヨタ系列の工場で働く在日ブラジル人労働者がたくさんいる地域なのです。

僕も彼らと公園でサッカーをしたことがある。とても上手いです。それはともかく、僕が知らないここ一〇年くらいのあいだで、僕の出身中学などでは六カ国くらいのナショナリティが混ざるような状態になっているようです。僕がいた当時は、そんなことはなかった。

それで、彼らが失業者になって、権利を主張するような状態になってくると、彼らが治安の対象となっていく。安田さんの指摘したとおりです。さらに、主婦を中心とする女性らがメールで噂を回していく。ロコミが排外主義を高めている。

ロコミ排外主義の実践者が女性に多いことは、社会調査の結果としてデータが出ています。先の永吉の報告を再度参照しますが、いわゆる「ネット右翼」的な発言をする人たちに比べ、オンラインで排外主義的な発言をする人たちは、「ロコミ」や「SNS」での情報接触が多い。鈴木彩加[★23]の研究でも検討されていますが、女性たちが生活圏に根ざした保守行動や排外的な価値観を共有していく姿も、この社会の一部にはあります[★24]。

さらに、失業した外国人が何らかの権利を求めはじめると、彼らを治安の対象にしはじめるというのは、ヨーロッパもまったく同じです。つまり、自分たちが移民を受けいれたり、外国人を社会のなかに受けいれるのはいいよ、と最初は手加減の態度をとる。ですが、受けいれた移民や外国人が自分たちの社会で、自分よりもよい生活をしたり、自分よりもお金を儲けたり、自分たちと同じだけの権利を主張したり、それ以上の権利を主張したりすると、排除の論理が動きだします。

ネット右翼がよく言っている「在日特権」を思いだしてください。特権のなかに含まれる生活保護が、在日外国人には必要のない「自分たちと同じだけの権利」に含まれ、

★23…鈴木彩加　社会学者。大阪大学大学院人間科学研究科・社会環境学講座・助教。

★24…「『行動する保守』運動における参加者の相互行為とジェンダー」『フォーラム現代社会学』第一六号、三〇-四二頁を参照。

そんな権利は在日外国人には必要のないものだということになる。

差別する側には、「何かを認可する主体が自分だ」という考えがベースにある。そのうえで、在日外国人が行きすぎた民主主義を主張し、行きすぎた要求をしてくると、一気に差別的なものとなって表出してくる。

ヘイトスピーチというのは、対象への直接的な攻撃としてのみあらわれるばかりではありません。クリティカル・ディスコース・アナリティス★25（批判的言説分析）という分析方法があって、第一人者のテウン・ヴァン・デイク★26という人が現代差別を分析したものがあります。

彼いわく、現代差別の特徴は「差別の否定」。行きすぎた権利要求に対して何か物申す場合は、ヘイトスピーチというかたちをとるとは限らない。差別的な表現としてあらわれるのは、「君のことを差別しようとして言ったのではない。事実を言っただけだ」という言明だとヴァン・デイクは言うのです。

差別の否定、あるいは差別の緩和。それは、どういう言い方になるのか。たとえば在日ブラジル人に関しては、「在日ブラジル人がダメなんじゃない。お前がいまやったことがダメなんだ」というかたちで、いったん差別を否定してから新たな差別をおこなう。★27

以上のようなロジックのうち、後者の「お前がいまやったことがダメなんだ」という攻撃的な部分だけ先鋭化しているのがヘイトスピーチです。攻撃的な部分以外、すなわち「在日ブラジル人がダメなんじゃない」という部分までも差別に使われてしまうと、差別する側の言葉はさらに「豊か」さを増すことになるのかもしれません。

★25…クリティカル・ディスコース・アナリティス　批判的言説分析。雑誌・テレビなどのテキストの内容・生産——受容過程に着目し、その過程の権力関係やイデオロギー、社会的不平等を明らかにしようとする潮流。

★26…テウン・ヴァン・デイク（1943-）　オランダ出身の批判的言説分析の第一人者。アムステルダム大学教授などを歴任。論文に「談話に見られる人種差別の否認」（植田晃次・山下仁編『共生の内実　批判的社会言語学からの問いかけ』、三元社）

安田　ハッとしたのが、ある在日男性のお年寄りと話していたときのことです。ヘイトスピーチの事例の話をしていると、「昔からあったよ」と平然と返す。つづけて、彼は「昔、水道もガスもないような九州の在日部落に住んでいたころは、よくまわりの日本人からいじめられた」と言う。ポイントは、そのうえで彼が言ったことです。

「いじめられたけど、いまとは違った差別だった」と言うのです。自分たちは貧しかったし、仕事もなかった。だから、物を恵んでくれる日本人もいた。ひどい差別もあったけれど、「かわいそう」と言ってくれる日本人もいた。つまり、かわいそうで貧しい朝鮮人であるときは、ある種の庇護の対象になるわけです。上から下に見下す差別が、そこに存在している。

「ところがいま、あんたの話を聞いていると、在日特権とかよくわからん。いつから私たちは持ちあげられるようになったんだ」と彼はつづける。ここで気づきました。そうか、差別というのは見下す差別もあれば、下から見上げる差別もあるということを。見上げるためには、勝手に特権を作ったりもする。

ブラジル人がかわいそうで、まじめに働いて、人手不足を解消してくれているときには庇護の対象になる。ところが、彼らが仕事を奪われ、権利を主張するようになると、とたんに庇護の対象からはずす。外国人のくせに権利を主張するなんて生意気な、と。これは「在日特権」なるものを主張する側のロジックと似ている。

いや、在日とかブラジル人といった国籍マイノリティに限った話ではありません。女性に対して「女性は女性らしく」という言葉をよく使う人がいます。おとなしく男性を

など。
★27…「談話に見られる人種差別の否認」、植田晃次・山下仁編『共生の内実　批判的社会言語学からの問いかけ』、三元社、二〇〇六年。

支えるような存在であり、また庇護の対象として守ってもらえる。それがその人の言う「女性らしさ」の意味でしょう。女性専用車両に対して、なぜあれほどまでに右派界隈が熱意を燃やし、やめさせようとするのか。それは、同車両が「女らしさ」に収まらないような、行きすぎた女性の権利だと思っているんですね。

あと生活保護に関しても、「生活保護の権利は日本国憲法第二五条にもとづいた国民の権利だ」という話をすると、とたんに反発が出る。あれは施しなんだ、恵んであげているんだ、という意識の人というのはまだまだ多い。権利というものに対する反発です。

つまり、かわいそうな弱者としてカテゴライズされたときは、世間には上から見下すような差別をされるにせよ、憎悪でこりかたまった差別は見えにくい。一方、物言う弱者とカテゴライズされた時点で、世間はとたんに掌を返し、庇護からはずし、あからさまな差別の対象にしていく。

物言う弱者に対する排除や差別というものは、言ってみれば戦後民主主義という時間によって守られてきたり、権利が与えられたり、利益が与えられたり、付与されたり、獲得してきたものに対する、すなわち戦後という時間に対するバックラッシュという気もするんです。

差別者は「格下」と勝手に見なした他者に対しては、権利を付与し、獲得させせなくてはいけないと思っていた。ところが、「格下」だと勝手に判断した人が言葉や権利を手にし、主張しだしたとたんに、「いや、お前そこまでは与えていないだろう」というかたちでバックラッシュが起きていくというのが、一連の流れじゃないかなという気がします。身勝手であり、傲慢な屁理屈です。

倉橋　そうした傾向は、世界的なものだと思います。とくに女性に対するバックラッシュが。日本の場合、「慰安婦」問題とバックラッシュが重なっています。たとえば、研究者の本山央子[★28]は「慰安婦」問題に関わってきたなかで、女性のフェミニズムの運動が、いままで言葉がなかった領域を問題化していくことへの困難や労力について語っていました[★29]。

フェミニズムと言葉をめぐるわかりやすい例は、セクハラです。昔はそんな言葉がなかった。性的な嫌がらせを端的にあらわす言葉がなかったところに、セクハラという言葉ができたため、被害の説明や権利主張がしやすくなっていったわけです。

「慰安婦」問題も元は多くの人が認識していなかった。どうしたら国家の問題として、しかも国際的に連帯して扱っていくことができるのかを、慎重にていねいに主張しながら運動してきた。そして、すこしずつ社会に認識されるようになったとき、歴史修正主義が突然やってくる。すると、運動する側は「向こうに言葉を取られてはいけない、向こうに言葉を構築させてはいけない」という事態を前に、葛藤を抱えた激しい闘いをしなくてはならなくなる。

「慰安婦」問題に関わる歴史修正主義は、確実にバックラッシュです。女性が庇護の対象ではなく、主体的に政治の責任を国際的に追求していく運動が一九九五年の北京会議の頃から始まりました。この運動は、男性をかなり追いこんだはずです。さらに国際的な運動となれば、より知的で箔がつく。

★28…本山央子　お茶の水女子大学大学院博士後期課程。アジア女性資料センターの運営委員、事務局長を歴任。

★29…二〇一八年六月五日のお茶の水女子大学ジェンダー研究所セミナー「東アジアにおけるジェンダーと政治」での本山のコメント。

女性の権利主張や自立に対抗するものとして、歴史修正主義（＝男性側）による批判とバックラッシュがある。「つくる会」はまさに「慰安婦」問題を起点に作られているので、完全にジェンダー問題（女性蔑視問題）と関わっていると言えます。

先ほど安田さんが触れましたが、「法律上も契約上も誰でも乗れます」というロゴ入りのポロシャツを着て、男性のグループが女性専用車両に乗りこむようなことが二〇一七年にありました。彼らの行為もある種の「歴史修正」だと僕は思うのです。

繰りかえし述べますが、差別には必ず歴史性があります。対象が歴史的に差別されているからこそ、いろいろな配慮があるわけです。ずっと公的空間において女性が虐げられてきた歴史があるから、鉄道会社が女性に対する配慮をするようになった。にもかかわらず、「いや、そうじゃない。俺たちは平等なはずだ」という前提からスタートして、その結果、「俺たちが置かれた環境はアンフェアだ。男性が差別されている」と言う。これまでの歴史上、ありえない言葉じゃないですか、男性差別って。

歴史上の文脈を切っているという意味で、彼らのような行動は歴史修正主義的であり、そのベースにはバックラッシュがあるのではないか。僕は、そう考えています。

第四章

国会議員による バックラッシュが始まる

国会議員によるヘイト発言

倉橋　「新潮45」★1（新潮社）という雑誌の二〇一八年八月号に、『ＬＧＢＴ』支援の度が過ぎる」という杉田水脈★2のコラムが掲載されました。杉田は自民党に所属する衆議院議員で、最近はネット右翼的な過激発言でしばしばメディアに登場します。

　コラムのなかでも最大の批判を浴びているのは、「子育て支援や子供ができないカップルへの不妊治療に税金を使うというのであれば、少子化対策のためにお金を使うという大義名分があります。しかし、ＬＧＢＴ★3のカップルのために税金を使うことに賛同が得られるものでしょうか。彼ら彼女らは子供を作らない、つまり『生産性』がないのです。そこに税金を投入することが果たしていいのかどうか」（前掲誌、五八－五九頁）という部分の記述です。

　「生産性」（とくに生殖）という言葉や概念で人を判断するというのは、非常に差別的なことだと思います。また、杉田議員の言葉は、けっしてＬＧＢＴの人たちだけに向けられているわけではありません。障害を持つ当事者であったり、その家族であったり、子どもを産まない人、子どもを産めない人、働かない／働けない人、病気になってしまった人、労働力以外の世代の人に対する差別にもなっています。

　さらに、「新潮45」を刊行する出版社、つまり新潮社の体質にも疑問を持たざるをえません。杉田議員は、ＬＧＢＴの「Ｌ」と「Ｇ」と「Ｂ」について、コラムのなかでは「性的嗜好 sexual preference」という言葉を使って説明しているのですが、本来な

★1…「新潮45」　新潮社の月刊誌。一九八二年創刊、二〇一八年休刊。当初は「新潮45＋」という誌名で、四五歳以上の読者をターゲットにしていた。八五年から「新潮45」に。ノンフィクションやエロ・グロ・ナンセンスなど、編集長によって力を入れるジャンルが変わった。だが、保守的な姿勢は一貫していた。とくに二〇一六年からは右翼的なテキストの掲載が多くなり、その一環として朝日新聞批判や杉田水脈のＬＧＢＴに関する論文が掲載されるようになった。

★2…杉田水脈（1967-）　兵庫県出身。自民党の衆議院議員。細田派。新しい歴史教科書をつくる会理事。二〇一七年の衆院選挙では、自民党比例中国ブ

ら「嗜好」ではなく「指向 orientation」という言葉を使わなければなりません。

たとえ杉田議員が編集部に「性的嗜好」と書いたテキストを送ってきたとしても、編集の段階で「嗜好」を「指向」に直すくらいの校正があって当然でしょう。そうした基本的な知識を持たず、基本的な編集作業さえできていない。

最近の二年間で、杉田議員は「新潮45」に八回も登場しています。うち、三回が朝日に関する特集の号でした。一八年に入ってから同誌では、朝日へのバッシング特集が多く組まれるようになります。四月号では「『朝日新聞』という病」、六月号では「朝日の議論ばかりが正義じゃない」、くだんの八月号では「日本を不幸にする『朝日新聞』」と、三回も組んでいるのです。そして、杉田議員は四月号では「いまも続く『慰安婦』誤報の弊害」、同六月号では『『道徳』を教育して何が悪い?』」、そしてすでに紹介した八月号の文章を寄稿しています。

つまり、「新潮45」の編集部は、反朝日という文脈のなかでトンデモ発言をつづけているとわかっていながら、杉田議員を書き手として起用している。世間から批判されるような、まちがったことを言うのをわかっていて、朝日を毛嫌いする読者へのサービスとして、あえて杉田議員に書かせている。たいへん悪質だと思います。

杉田議員のコラムには事実誤認も含まれています。たとえば、レズビアンであることをカミングアウトしている立憲民主党の尾辻かな子[★4]衆議院議員が、「支援の度が過ぎる」と杉田議員が指摘するLGBTへの支援がどれほどなのかを、ネット上に公開していますす。法務省の予算で言うと、七六三八億円のうち、〇・四四%しかLGBT関連で使わ

ロックで当選。国会議員とは思えぬような右派的な発言を著書や雑誌などで展開している。

★3…LGBT　性的マイノリティのうち、レズビアン(女性同性愛者)、ゲイ(男性同性愛者)、バイセクシュアル(両性愛者)、トランスジェンダー(心と体の性が一致しない人)の英語の頭文字をとった言葉。

★4…尾辻かな子(1974-)　奈良県出身。立憲民主党の衆議院議員。二〇〇五年、大阪府議在任中に『カミングアウト』(講談社)を刊行し、同性愛者であることを公言した。

れていない。また、同性パートナーシップ条例がある渋谷区で言うと、九三八億円のうち〇・〇一％しか使われていない。この数字を見て、「度が過ぎる」かどうかを判断すべきだと尾辻議員は指摘しています。★5

こうした数字など、まったくわかっていない状況のなかで、杉田議員はＬＧＢＴを叩くわけです。くわえて、事実が確認されていないような内容の文章であるにもかかわらず、平気で掲載してしまう雑誌があり、その雑誌を流通させてしまう出版社がある。

あぶり出されるマイノリティ

安田　杉田議員が書いたコラムに関する意見は、倉橋さんとまったく同じです。人を判断する尺度として「生産性」をもちいていること自体が、許しがたいと言えましょう。

仕事柄、読みたくない本も目をとおさなければならないのですが、杉田議員の著書では二〇一七年に刊行された『なぜ私は左翼と戦うのか』（青林堂）を読みました。これを読んで思ったのは、この人はアンチ左翼という立ち位置でしか物を見ることができないし、言葉を発することができないのではないか、ということでした。けっして保守とか右翼という思想が思考の元にあって、発言しているのではないということです。

同書のなかでもＬＧＢＴについて触れられています。「支援の度が過ぎる」とは書かず、「権利のインフレが生じている」と書いています。日本国憲法が人権を保障している。にもかかわらず、新しい権利が次つぎと生みだされ、それを保障すべきだと人びと

★5…「同性愛公表、尾辻かな子が徹底反論『ＬＧＢＴ杉田論文の度が過ぎる』」iRONNA　二〇一八年八月一〇日　https://ironna.jp/article/10433

が必要以上に騒ぐ、というのがこの人の主張です。

　こうした物言いは、じつは珍しいものではありません。在特会のメンバーであれば「在日特権」という言葉を使います。また、「不正が多い」として生活保護やその利用者をバッシングする場合にも、似たような文脈で使われます。

　しかし、生活保護の現場をすこしでも取材すれば、そう簡単に受給できるものではないことや、不正とされているものが全額ベースで全体の〇・五％でしかないことがわかります。そのわずかな部分を過剰に取りあげて、生活保護をバッシングする人たちがいるのです。

　このように、ある種の権利を否定したりバッシングしたりすることや、それをなんとなくやり過ごしているのが、いまの日本の空気なのかな、と僕は考えています。何かしらの権利を獲得したり、その権利を守ることに対して、過剰に反応するような日本の空気を、まさに杉田議員が体現しているのではないか、とも考えています。

　生産性と言った場合、ＬＧＢＴだけでなく、障害を持った人をどう考えるのかとか、自分とは違う人種の人をどう考えるのかという話につながります。つまり、杉田議員の議論は、障害のない人を保護しようとか、優れた人種だけを保護しようという、優生思想へと発展する可能性を持ちます。

　さらに、杉田議員の発言に対するメディアの反応が弱かった。各メディアは、その発言に「言いすぎ」とか「過激な発言」と指摘するのみで、放置し、容認してきました。くわえて、部数を伸ばそうとしたり、世間から注目されようという目的で、その発言を肯定的に紹介するようなメディアもあらわれることになる。

つまり、杉田議員の発言によって、メディアの「いやらしさ」が顕在化したとも言えます。

倉橋　すでに指摘しましたが、安田さんの言う「いやらしさ」のひとつが、朝日を叩くことによって部数を伸ばそうとする雑誌の姿勢にあらわれています。と言っても、朝日叩きは右寄りの雑誌が部数伸ばしのために利用するテンプレートであり、いまに始まったことではありませんが。

杉田議員の発言が話題になった直後の一八年七月二七日、東京の自民党本部前で五〇〇〇人規模の抗議活動がおこなわれました。大阪では同二八日に自民党大阪支部連合会前で抗議活動がおこなわれ、僕も参加しました。

なぜ参加したのかというと、知人がスピーチをすると言ったからです。知人は、生まれて初めて人前で、自らの性的指向をカミングアウトすると事前に「Twitter」で告知していました。僕は、「大丈夫なのかな？」と思いながら、現場に向かいました。

抗議行動が終わったあと、知人は「Twitter」に「私は、あぶり出された」と書きこみます。僕は、どんな思いで「あぶり出され」、カミングアウトをしたのか、その知人の考えを聞きにいきました。

知人は僕にこう説明しました。いつも論壇で右派の発言をしているような、ある意味ではどうでもよいような人が、ＬＧＢＴと生産性をつなげるような発言をするのなら、無視することができた。だが、今回の発言者は、国の法律を作ったり予算を決める権限を持つ国会議員だ。国の制度を決められる人が、あのような発言をするのは許せない……。

さらに知人は、自分がカミングアウトせざるをえなくなった状況について、「殺虫剤をばら撒かれたような気分」と表現していました。知人の言葉を僕が勝手に翻訳すると、食器棚の裏側や床板の下に殺虫剤を撒くことにより、そこでひっそりと生きていた生きものに息をできなくさせ、外に出ざるをえない状況にした、ということになります。

くわえて、知人が憤っていたのは、杉田議員が一八年七月二三日の Twitter で「先日、自分はゲイだと名乗る人間から事務所のメールに『お前を殺してやる！ 絶対に殺してやる！』と殺人予告が届きました」とツイートしたことです。その後、杉田議員は赤坂警察署に被害届を提出したと言いますが、わざわざツイートのなかで「ゲイだと名乗る人間」と記す必要はないでしょう。

安田さんが言ったように、左翼や左派、そしてリベラルに対するアンチをつづけているという意味で、杉田議員は一貫していると言えます。フェミニズムに対するバックラッシュ[★6]であったり、「慰安婦」問題、選択的夫婦別姓、さまざまな人権関連の条約の撤廃や見直しなどなど。その時どきの「リベラルサイド」の言論に過激に反対することで注目を浴びていると言ってよい。

杉田議員のこうしたアンチリベラル的な手法の一貫性を思想と呼べるのでしょうか。僕は、思想とは呼べないと思います。

また、杉田議員は自民党の比例代表のみの公認候補として、中国ブロックで出馬・当

★6…バックラッシュ　反動。揺りもどしの意味。日本では、ジェンダーフリー・バッシングなど、フェミニズムや男女共同参画、「過激な性教育」に対する保守派による反動として二〇〇〇年ごろより過激化。

選しています。小選挙区の候補のように、一定の支持者を持っているわけではありません。ようは、支持地盤の人びとが当選させようと思って当選した議員ではなく、自民党が当選させようと思って担ぎだした議員です。

　自民党の党略によって当選した議員であるならば、その議員の発言に対して自民党が責任を負うのは当然のことだと言えます。しかし、自民党の反応は責任を感じているようなものではありませんでした。

　たとえば、二階俊博[★7]幹事長は、「人それぞれ政治的立場、いろんな人生観、考えがある」「右から左まで各方面の人が集まって自民党は成りたっている。（政治的立場での）そういう発言だと理解したい」（一八年七月二四日の記者会見）と語っている。他方、自民党の武井俊輔[★8]議員は「一部の特殊な犯罪者やテロリストを除けば、生産性のない人間などいません。劣情を煽るのは政治ではなくて単なるヘイト」と批判していました（同七月一九日、自身のTwitter）。

　また、石破茂[★9]議員は「『生産性がない』なんてことを言ってはいけない。それが許されるようであって、自民党の多様性とは言わない。懐が深いとは言わない。人の気持ちを傷つけて、平然としているような自民党であってほしいと思っていない」と述べています（同七月二八日の兵庫県新温泉町での講演）。

　もっとも右往左往したのが稲田朋美[★10]議員でしょう。七月二四日に急きょTwitterのアカウントを新規で作り、「私は多様性を認め、寛容な社会をつくることが『保守』の役割だと信じる」とツイート。しかし、その五日後の七月二九日には「憲法教という新

★7…二階俊博（1939-）和歌山県出身。自民党の衆議院議員。中国と韓国に友好的なことで知られる。同党の重鎮であり、現在も幹事長を務めている。

★8…武井俊輔（1975-）宮崎県出身。自民党の衆議院議員。二〇一五年には、同党の國場幸之助と石崎徹とで「過去を学び〝分厚い保守政治〟を目指す若手議員の会」という勉強会を立ちあげて共同代表世話人に就任。

★9…石破茂（1957-）鳥取県出身。自民党の衆議院議員。二八歳で衆院選に自民党所属で当

興宗教に毒されず」とツイートして炎上しました。

自民党議員がいろいろなコメントをするなか、安倍首相は「人権が尊重され、多様性が尊重される社会を作っていく、目指していくことは当然」と述べるにとどまっています（同八月二日、宮城県松島市で記者団の質問に対する回答）。そして、自民党は杉田議員に「指導」をおこなったが、一八年一〇月の時点で当人からの謝罪も発言撤回も議員辞職もありません。

「杉田さんは素晴らしい！」

安田　繰りかえしますが、杉田議員の発言はアンチ左翼という意味で一貫しています。しかし、その発言内容を読むかぎり、地に足のついたものだとは、とうてい思えません。たとえば、二〇一六年七月四日の産経ニュース（産経のウェブ版）に掲載された『保育園落ちた、日本死ね』論争は前提が間違っています」というタイトルの記事を見てみましょう。そこで杉田議員は、保育所の義務化に関してこう述べています。

〈子供を家庭から引き離し、保育所などの施設で洗脳教育をする。旧ソ連が共産主義体制の中で取り組み、失敗したモデルを二一世紀の日本で実践しようとしているわけです〉

トンデモ発言は、さらにつづきます。

〈旧ソ連崩壊後、弱体化したと思われていたコミンテルンは息を吹き返しつつありま

選。一九九三年に小沢一郎と新進党の結党に参加するも、九七年には自民党に復党。政府と党内で要職を歴任し、政策通で知られる。

★10…稲田朋美（1959-）　福井県出身。自民党の衆議院議員。読者投稿欄から始まり、寄稿や対談を重ねるなど、「正論」を中心に右派的な発言をおこなってきた。

す。その活動の温床になっているのが日本であり、彼らの一番のターゲットが日本なのです。

これまでも、夫婦別姓、ジェンダーフリー、LGBT支援――などの考えを広め、日本の一番コアな部分である『家族』を崩壊させようと仕掛けてきました。今回の保育所問題もその一環ではないでしょうか〉

この発言を読めば一目瞭然ですが、自分では何も考えずに発言しています。ほとんどがネット上で流布されている文言を引用・援用・借用しているだけの文章です。とはいえ、このように何も考えず、裏取りされていないネット情報に依拠して発言することが、一定の人びとにはウケているということを、本人はわかっているのでしょう。

そして大きな問題は、杉田議員の主張や発言が、自民党のなかではけっして突出しているものではないと思われる点です。自民党議員の多くの人は、杉田議員と似たようなことを考えているような気がします。

倉橋さんが触れた二階幹事長の「人それぞれ政治的立場、いろんな人生観、考えがある」という発言は、人の尊厳や人権の問題を人生観の問題にすりかえているとしか思えません。

自民党の議員がLGBTに理解を示さない事例は、一七年にもありました。竹下亘総務会長[★11]が宮中晩餐会に関して、招待する国賓のパートナーが同性だった場合、パートナーの晩餐会への出席に「私は反対だ。日本国の伝統には合わないと思う」と述べています。

★11…竹下亘（1946-）島根県出身。自民党の衆議院議員。大学卒業後、NHKに入局したが、退職して異母兄である竹下登の秘書に。その後、竹下登の後継者として衆院選に出馬し、当選。

★12…安倍晋三（1954-）東京都出身。自民党の衆議院議員。現在の内閣総理大臣。一九九三年、父である安倍晋太郎の後継稲田朋美議員などが典型ですが、なかにはＬＧＢＴに理解を示しているような人もいます。しかし、それはあくまでも支持者を増やすためのポーズであり、心の底からＬＧＢＴを理解しようとはしていません。

ことほどさように、杉田議員と似たような発言をしたり、同じような行動をとるような土壌が、いまの自民党にはあります。

くわえて、忘れてならないのは、「日本のこころ」という政党から杉田議員を自民党に引っぱってきたのは安倍晋三[★12]総裁だということです。すでに有名な話と言ってもいいかもしれませんが、会員制のインターネットテレビ「言論テレビ」で櫻井よしこが、百田尚樹[★13]との対談のなかで、杉田議員と安倍総裁の関係についてこう語っています。

「安倍さんがやっぱりね、『杉田さんって素晴らしい』って言うので、萩生田さんが一生懸命になってお誘いして、もうちゃんと話をして、『自民党、このしっかりした政党から出たい』と」（「櫻ライブ」第二五七回、二〇一七年九月二九日放送分）

萩生田とは自民党幹事長代行の萩生田光一[★14]のこと、自民党から出たいと言ったのは杉田議員のことです。

自民党はなぜヘイト発言を容認するのか

安田　まとめると、今回の杉田議員によるＬＧＢＴに関する発言は、彼女が個人的に持っている主義・主張というよりも、いまの自民党や、その支持者をはじめとする日本

として衆院選挙に初当選。二〇〇六年に内閣総理大臣となるも、翌年に辞任。しかし、一二年にかえり咲いた。政策の中心に憲法改正を掲げるなど、自民党を代表する右派と言われる。

★13…百田尚樹（1956-）　大阪府出身。放送作家、小説家。右派の論客。著書に『永遠の0』、『海賊と呼ばれた男』（上下巻、以上は講談社文庫）、『日本国紀』（幻冬舎）など。

★14…萩生田光一（1963-）　東京都出身。自民党の衆議院議員。安倍晋三の側近。

社会の一部に漂う空気のようなものだと僕は考えています。何かと「国益」に絡めて話したがりますが、ようするに国の役に立たない人はいらないと言っているに等しいわけです。

ただし、そんなことを直接言えば角が立つから、LGBTや保育所などを事例に持ちだすことで、右派のニーズに応えようとしているのでしょう。そうした発言の先鋒にいる杉田議員は、ある意味では自民党の「触覚」のような役割を与えられ、それを演じているようにも見えます。

自民党の重鎮は、杉田議員が発言しているようなことを心に思っていても、口には出さない。彼ら・彼女らは、あくまでも杉田議員という触覚を通し、一般の人びとの反応を見極めようとしています。

倉橋　杉田議員と自民党の関係を考える場合には、女性であるという部分が大事になってきます。稲田朋美議員もそうですが、いずれも安倍総裁が肝いりで自民党に招きいれた人物です。

さらに、あとで議論になる「慰安婦」問題なども含め、女性議員と歴史認識問題は深く関わってきました。自民党の女性議員の場合、「女性=フェミニズム」といった役割ではなく、男性議員の発言や行動を補完するためのものとして機能している部分が多いとも言えます。ですから、杉田議員や稲田議員が右派的な発言を繰りかえすことについては、当たり前のことだと思うし、納得のいくことでもあります。

たとえば、杉田議員の場合は、慰安婦像を「爆破すればいい」などと言っている。[★15] ま

★15…河添恵子・杉田水脈『「歴史戦」はオンナの闘い』PHP研究所、二〇一六年、一四一ページ。

た稲田議員は、南京事件時の「百人斬り訴訟[★16]」の原告弁護士として朝日を相手取りました。

二人が言ってきたりやってきたことには、ネット右翼の人たちに響くような要素がちりばめられている。「コミンテルン」に代表されるような、ネット右翼が大好きな言葉をあえて使い、歴史の修正を試みる。事実にもとづかない発言を、平気でしてしまう。そして、その二人を「素晴らしい」などと言いながら自民党に引きいれたのは、安倍晋三です。

それでも、「自分の信じたいことは信じる」と思ってしまうような人びとには、歴史を修正しようとしていても、事実にもとづいていなくても、杉田議員や稲田議員の発言がそれなりに受けいれられてしまっています。

安田　杉田議員のLGBTバッシングに抗う東京での集会を、取材で訪ねました。現場では、杉田発言を容認してはいけないという強い意志や雰囲気を感じました。つまり、倉橋さんの言う「それなりに受けいれ」ている人びとがいると同時に、それに反発する人びともたくさん存在するということですね。

他方、杉田議員の著書を読んでみると、「これを読むと、ストンと落ちる人もいるんだろうな」と僕は思ったりします。膝をぽんと叩いて、「そうだったのか！」と何かを発見してしまうようなノリです。いままでブラックボックスを紐解く歴史の鍵を発見したのだと勘違いしてしまうようなキーワードがたくさん使われている。

たとえば、家族観の問題で杉田議員が前述の『なぜ私は左翼と戦うのか』で取りあげ

★16…百人斬り訴訟　一九七一年に本多勝一が朝日新聞の連載「中国の旅」で取りあげた南京における日本軍の「百人斬り」競争の記述に対し、二人の将校の遺族が二〇〇三年に朝日新聞と元となる報道をした毎日新聞、そして本多に対して、『中国の旅』（朝日文庫）の出版差しとめと損害賠償を求めて起こした訴訟。原告側主任弁護士は稲田朋美。〇五年に結審。原告の主張は認められなかった。

ているのは、父性の喪失です。つまり、男はもっと強くなければならず、強い父がいれば家庭はうまくいくものだと言っています。

でも、周囲を見渡してみると「最近の男＝父は弱すぎる。もっと強くならなければいけない」と言っている人など山ほどいます。杉田議員が特別なのではない。もっと精緻に語っていたり、もっと素朴に語っているという違いはあれ、似たような言説はいくらでも見かけることができます。

つまり、杉田議員が著書で書くようなことと、世間の一部の人びとが考えているようなことが、共振しているように思えて仕方がありません。

多様化する社会に辟易《へきえき》している人びとは、世の中には一定数、かならず存在しているでしょう。多様化の事例をあげれば、家族の問題だと夫婦別姓や共働きなど、国際的な問題だと外国人の留学や就労、ジェンダーの問題だと男女平等ということになります。

そんな人びとに向けて発信する言説としては、杉田議員の発言はある意味で「敏感に応じた」と言っていいのかもしれません。

倉橋　多様性の話で言えば、『日本型排外主義』（名古屋大学出版会、二〇一四年）の著者である樋口直人が、排外主義と多文化共生の観点から調査をおこなっています。

調査結果によると、多様性を求めたり認めたりしている人というのは、意外に少ないことがわかってきました。もっとも多いのは、多様性を認めすぎるのも怖いし、多様性を認めないのも怖いという層、つまり中間派です。多文化共生に賛成・反対というような人は、全体の一〇％程度に満たない。[★17] そうではなく、どちらだと言いづらい人が八

★17…「日本型排外主義と多文化共生」、多文化共生に関する分野融合研究会、宇都宮大学、二〇一八年。

〇%以上いるというのが現代日本の状況に近いのではないか、と思うわけです。

それは当然のことで、アンケートの直前に外国人が犯罪を犯したというニュースを聞いたり、実際によくわからないことが多ければ、認めすぎるのは怖いと思ってしまうでしょう。

つまり、多様化する社会に辟易する人がいたり、多様性を認められない人が多いという点は、統計のデータから見ても正しい見解ということになります。そう考えている人のなかには、おそらく外国人やLGBTなども含まれているでしょう。正しい情報の必要性を痛感します。

二〇〇〇年代とバックラッシュ

倉橋　杉田議員の一連の発言は、新しい価値観の登場に抗い、古い価値観に引きもどそうとするバックラッシュだと見てまちがいありません。

二〇〇五年の年末に野村旗守編『男女平等バカ』（別冊宝島Real、宝島社）というムックが刊行されました。性教育やセクハラ、DV、そして男女共同参画、少子化などを取りあげ、ようするに男女平等とは「もてない女のヒガミ」だとして批判しています。

そのムックに抗うかたちで翌年に刊行されたのが、上野千鶴子ほか著『バックラッシュ！』（双風舎）という本です。同書は、『男女平等バカ』で展開されているような言説をバックラッシュと位置づけ、なぜそのような言説が出まわり、一定の人びとに受けいれられるのかを分析しています。

杉田議員が家族観を語る際に使う言葉を見てみると、ジェンダーフリーを叩いた『男女平等バカ』で使われていた言葉とそれほど変わらないことに気づきます。つまり、叩く対象が最新のものになっているだけで、叩くために使う言葉は〇五年の当時と同じ。さらに、叩いた先には、「昔に戻そう」という目的が垣間見られるという意味で、バックラッシュだと言ってよいでしょう。

以上の事例に見られるように、二〇〇〇年代に入ってからフェミニズムに対するバックラッシュがしばしば起きるようになります。その起点の一つになっているのが、「慰安婦」問題だったと僕は考えています。

一九九六年末に「つくる会」が設立されるのですが、その設立趣意書や創設の声明には、修正すべき歴史認識の第一のターゲットとして「慰安婦」問題が書かれていました。具体的に見てみましょう。

「趣意書」では、「現行の歴史教科書は旧敵国のプロパガンダをそのまま事実として記述する」自虐的な史観にもとづくものと断じています（一九九七年一月三〇日の設立総会にて）。そして、「創設にあたっての声明」では、「この度検定を通過した七社の中学教科書の近現代史の記述は、日清・日露戦争までを単なるアジア侵略戦争として位置づけている。それればかりか、明治国家そのものを悪とし、日本の近現代史全体を、犯罪の歴史として断罪して筆を進めている。／例えば、証拠不十分のまま『従軍慰安婦』強制連行説をいっせいに採用したことも、こうした安易な自己悪逆史観のたどりついた一つの帰

★18…中川昭一（1953-2009）自民党の元衆議院議員。父である中川一郎と並んで、自民党内で右派的な主張を続けていた。

★19…女性国際戦犯法廷　アメリカ合衆国のベトナム戦争における戦争犯罪を裁くために哲学者バートランド・ラッセルらが提唱して開催された民衆法廷「ラッセル法廷」にならい、女性や民間人の手でいわゆる従軍「慰安婦」問題を裁く民衆法廷の開催を構想。二〇〇〇年四月、

結であろう。とめどなき自国史喪失に押し流されている国民の志操の崩落の象徴的一例といわざるをえない」と批判します（一九九六年一二月二日）。

ここからわかるように、運動の方針として「慰安婦」問題は中心にあり、これから発行される教科書のなかから「慰安婦」に関する記述を削除していこう、と宣言しています。

その後、NHKのETV二〇〇一の「シリーズ　戦争をどう裁くか」の第二夜「問われる戦時性暴力」という「慰安婦」問題を扱った番組に対する政治介入事件が起きます――僕が博士後期課程まで追いつづけていた研究テーマです。

この番組内容をめぐって、安倍晋三や中川昭一[★18]ら自民党の議員がNHKの幹部に圧力をかけました。その圧力に忖度《そんたく》したNHK幹部が、現場に介入して番組を当初の予定から改変したというのが事件のあらましです。結局、番組の長さが四分ほど短くなり、もとは四四分の放送予定が四〇分になったうえで二〇〇一年一月三〇日に放送されました。

この番組で取りあげられていたのは、〇〇年一二月に開催された女性国際戦犯法廷[★19]（日本軍性奴隷制を裁く女性国際戦犯法廷）でした。「戦争と女性への暴力」日本ネットワーク[★20]が日本側の中心になっておこなわれたこの民衆法廷は、「第二次世界大戦中において旧日本軍が組織的に行った強かん、性奴隷制、人身売買、拷問、その他性暴力等の戦争犯罪を、昭和天皇（裕仁）を初めとする九名の者を被告人として市民の手で裁く民衆法廷」と位置づけられました（VAWW-NETウェブページより。現在は閉鎖）。

つまり、「慰安婦」問題に関する昭和天皇の戦争責任を民衆法廷で裁く、というのが

ジュネーブで開催された武力紛争下の女性への暴力・NGOフォーラムや、同月、ソウルで開催された第五回アジア連帯会議において、民衆法廷の開催を提案し、会議参加者の支持を得て、開催準備がなされた。〇〇年一二月八日から九段会館で審理がなされ、翌年一二月四日にオランダのハーグで最終判決が出された。

★20…「戦争と女性への暴力」日本ネットワーク　VAWW-NET JAPAN（Violence Against Women in War Network Japan）。初代の代表は松井やより。現在は、VAWW RAC（Violence Against Women in War Research Action Center）として活動し、「慰安婦」問題やアジアの女性の人権などの調査を実施している。

この法廷の主旨であり、結果として「慰安婦」問題に関して昭和天皇には戦争責任があるという判決が下されることになります。

この番組は、NHKが直接制作したものではなく、同社の子会社であるNHKエンタープライズが発注し、実際には孫請けのドキュメンタリージャパン[*21]が取材・制作したものでした。

なぜ政治家が番組に圧力をかけたのか。彼らは番組から「性奴隷」という言葉を削除しました。自民党の右寄りの議員やネット右翼たちは、この「性奴隷」という言葉の使用を極端に嫌います。なぜなら、第一に「強制連行」を連想させる語であること、第二に組織犯罪であることを連想させること、第三に彼らは朝日が拡散した言葉だと思っていること（もちろんまちがいです）などに関係するからです。そして、女性を性奴隷として扱ったことが天皇の戦争責任にさせられることを危惧している。

民衆法廷では、「慰安婦」をあらわす言葉として、一貫して性奴隷あるいは性奴隷制という言葉を使っていました。国連の人権委員会で採択された文書の定義でも、「慰安婦」は「sex slaves」「sex slavery」という単語が使われています。

「問われる戦時性暴力」という番組の視聴率は〇・二八％でした。この低い視聴率の番組をめぐって、番組放映の前後に国会議員から街宣右翼に至る右派の人びとが抗議の声をあげることになったのです。

この事件は、当時の右派によるバックラッシュを考えるうえで、その頂点に位置するような現象だったのではないか、と僕は考えています。

★21…ドキュメンタリージャパン　テレビ番組の制作プロダクション。一九八一年設立。制作したドキュメンタリー番組は良質で高評価なものが多い。

「慰安婦」問題はむずかしい

倉橋　「慰安婦」問題は、一筋縄ではいかない問題です。歴史認識や歴史修正主義の文脈のなかで考えたとしても、もっともむずかしい部類の問題だと思います。何がむずかしいのか。

　この問題には、差別やセクシズム、戦時性暴力、植民地主義、ナショナリズム、民族差別、戦後責任、そして男性性の問題など、多種多様なものが含まれています。ですから、この問題に取りくむためには複合的なアプローチが必要となってしまう。よって、そう簡単には答えが出せません。

　アジア女性基金★22が一九九五年に設立され、旧日本軍の「慰安婦」だった女性への「償い金」と称する補償を進めることになりました。この補償は政府の出資と募金でまかなわれ、二〇〇七年三月には償いが終わったとして解散します。

　一方、韓国の市民団体で、「慰安婦」問題の解決を目指して結成された挺対協★23は、同基金の「償い金」は国家賠償ではないとして、こうした日本側の動きに対して反発しました。

　そして、アジア女性基金と挺対協の連携をめぐって、日本のフェミニズムが大きな苦境に立たされることになります。禍根を残した、と言ってもいい。運動団体が割れていきました。このときフェミニズムの論者や運動団体は、立ち位置をどこに定めたらよいのか迷わざるをえませんでした。

★22…アジア女性基金　「女性のためのアジア平和国民基金」の略称。「河野談話」を受けて、日本政府が道義的責任をとるため、一九九五年に設置した民間基金。アジア地域の元従軍「慰安婦」に対して見舞金を支給した。二〇〇七年に解散。

★23…挺対協　「韓国挺身隊問題対策協議会」の略称。韓国の市民団体で、「慰安婦」に対して日本政府による公式な謝罪を求めている。

そもそもフェミニズムが、自分たちの身に起きていることを言語化するのがむずかしい領域を扱っていることは、すでに述べました。大事なことなので繰りかえしますが、いまなら「セクハラ」などの便利な言葉が出まわっているものの、一九八〇年代にはうまい言葉がありませんでした。社会学者の江原由美子が講演で、昔はセクハラのことを「性的嫌がらせ」とか「からかい」と言っていた、と話していたのが印象的です。

歴史認識問題との関連でいえば、九七年には「つくる会」が設立されるなど、右派勢力が「慰安婦」という言葉を消去しようとする動き、すなわち歴史修正を進めようとする議論が活発化します。

戦後責任における「慰安婦」という問題。この問題を解決するための言葉を構築していかなければならないときに、その言葉を簒奪《さんだつ》しようとする人たちが登場する。フェミニズムは言葉を作りながら、言葉を奪われないように警戒しなければならなかった。

たとえば、「慰安婦」と呼ばれる女性たちが「従軍慰安婦」なのか、「挺身隊」なのか、「性奴隷」なのか、という言葉の問題が、当事者や各国のフェミニズムのなかで議論されました。それは、戦時性暴力を一括りにして「慰安婦」という言葉で呼んでよいのか、「従軍」という言葉にあらわれる自発性のニュアンスを適当としてよいのか、という議論です。

藤岡信勝は、この「従軍」という言葉をあげつらい、「従軍」は軍属の言葉だから不適切で、「慰安婦」は民間業者がつれ歩いた娼婦であるとしました。また、新聞においても、こうした言葉の混乱がありました。結局、国連では九三年のウィーンにおける世界人権会議以降、「性奴隷制」という言葉が使われることになります。

　この時期のフェミニズムは、以上のようなたいへんむずかしい問題に直面しました。そして、フェミニズムが苦境に立たされるなかで、その隙をつくようにあらわれたのが右派による一連のバックラッシュの動きになるのかと思います。

　先ほど、フェミニズムに禍根を残したと述べましたが、それは現在でもつづいています。そのもっとも先鋭化したものは、朴裕河《パクユハ》の『帝国の慰安婦』（朝日新聞出版、二〇一四年）の評価をめぐる対立でしょう。僕は、この本を評価しません。単純に、矛盾と事実誤認が非常に多いことが大きな理由です。また、内容の一部は右派のイデオローグにも拾われ、使われています。ところが、この本を一部の研究者が肯定的に扱っている。

　僕にとって疑問なのは、上野千鶴子★[24]がこうした学問の「前提」がなっていない本を『帝国の慰安婦』が歴史書として読むに値しない、という批判は、主として「実証史学」の水準（事実の認否）で行われている。だが僕の目からみれば、『帝国の慰安婦』がもたらした学問的なインパクトは、「実証」の水準にではなく、「語り」と「記憶の水準」にある」と評してしまう点です★[25]。「語り」と「記憶の水準」を評価するには、あまりにも事実をないがしろにしている。あるいは、「学問的なインパクト」欲しさに当事者の証言を利用してよいわけではない。いずれの観点からも評価できない著作です。

　このように、現在に至るまで「慰安婦」問題はフェミニズムの立場を分断しています。

安田　「慰安婦」問題がむずかしいという倉橋さんの指摘は、僕にとっては取材のむずかしさにつながっていく話です。

★24…上野千鶴子（1948-）富山県出身。社会学者。NPO法人ウィメンズアクションネットワーク理事長。専攻は、家族社会学、ジェンダー論、女性学。著書に『スカートの下の劇場』（河出文庫）、『家父長制と資本制』（岩波書店）、『おひとりさまの老後』（法研）など。

★25…『『帝国の慰安婦』のポストコロニアリズム』、浅野豊美・小倉紀蔵・西成彦編『対話のために』クレイン、二〇一七年、二四五-二四六頁。

結局、僕ら記者も問われているわけです。お前のつま先はどちらの方向を向いているのかと、真剣なまなざしが向けられている。それを避けることはできません。

僕も韓国で直接、元「慰安婦」の女性たちを取材したことがあります。元「慰安婦」が共同生活を送る「ナヌムの家」にも何度か足を運びました。挺対協からも話を聞いています。一方で、「アジア女性基金」の償い金を受けとった元「慰安婦」の女性にも会いました。

僕は、それぞれに「理」があると考えています。もちろん運動体からすれば、分断は深刻な問題です。

ただひとつはっきりしているのは、その分断を持ちこんだのは誰なのか、ということです。さらに言えば、「慰安婦」という存在を作りあげたのは誰なのか、ということでもあります。

そこは明確に断じなければいけない。日本が圧倒的な加害者です。加害責任をいかに果たすか、ということ以外に議論の余地はありません。

右派の分析に重要な年としての一九九七年

安田　自身の取材経験から、いま僕が言えることは、「慰安婦」問題はもっとシンプルに考えるべきだということです。つまり、旧日本軍が日本や他国の女性を「慰安婦」にしたことは、戦争犯罪なのです。彼女たちの人権を蹂躙したことは、まちがいないのですから。

彼女たちに対する補償のあり方は、当事者を含めて議論を尽くせばよいことです。議論以前に、日本政府が彼女たちに直接謝罪していないという、最大の失点があるわけです。いまからであっても、彼女たちに直接声をかけるのが日本政府のあるべき姿勢であり、それこそが「慰安婦」問題を解決に導ける唯一の道だと僕は考えています。

ただし、メディアの側に残る、「めんどうくさい」という感覚をどうするのかも、解決しなければならないひとつのポイントです。「慰安婦」問題は、女性問題だからめんどうだとか、人権問題だからめんどうだとか、戦争犯罪だからめんどうだとか、はたまた運動が絡んでくるからめんどうだとか……。

「慰安婦」問題だけに言えることではありません。メディアが「めんどうくさい」から関わろうとしなかったり、取材しようとしなかったりする姿勢は、差別や排除にまつわる問題の多くに付きまとっています。ようは、「めんどうくさい」取材対象に対しては、「めんどうくささ」を回避するために取材対象を忖度し、あえて触れないようにするという作法が、メディアの側にできてしまっている。

また、一九九七年前後は、いろいろな動きがあった年でした。倉橋さんが述べたように、「つくる会」の設立がこの前年の九六年でした。そして、日本会議の設立が九七年です。この時期から「自虐史観★26」という言葉がメディアに登場します。

それまで右派は「東京裁判史観★27」という言葉を使っていたものを、「自虐史観」という万人に受けいれやすい言葉に言いなおした。東京裁判を知るのはむずかしいけれど、

★26…自虐史観　「日清・日露戦争までを単なるアジア侵略戦争として位置づけている。そればかりか、明治国家そのものを悪とし、日本の近現代史全体を、犯罪の歴史として断罪して筆を進めている」（新しい歴史教科書をつくる会「創設にあたっての声明」）のように、近現代日本の歴史を暗く描く史観のこと。

★27…東京裁判史観　GHQによる東京裁判を「勝者の裁き」と捉え、WGIPが日本人を洗脳させつづけている……。そんな「アメリカの国家利益に基づく歴史観」に覆われている歴史記述を批判する際にもちいられた史観。

自国の歴史を卑下したり苦しめたりするのはおかしいと言えば、そうかもしれないと考える人も少なくない。

九七年前後に、歴史認識に関するさまざまな潮目が変わってきました。

先ほど倉橋さんがくわしく説明してくれたNHKの「問われる戦時性暴力」という番組をめぐる政治介入問題、もしくは番組改変問題のときに、もっとも騒いでいた右派の人物が西村修平でした。そんな西村は、結果的にネット右翼を育てることになります。

在特会は二〇〇六年に設立されますが、当初は学習会とかサークルの一種でした。そんな彼らが街頭に出て、騒ぎだすようになったのは、西村の支援と指導があったからです。警察へのデモの申請から始まり、街頭デモの威力や効果を在特会に教えたのは彼でした。のちに西村は在特会を厳しく批判していますが、在特会を育てあげた責任というものは、いまも避けることができないでしょう。

杉田議員による左派への批判に見られるバックラッシュにしても、在特会をはじめとするネット右翼の台頭にしても、また政界・財界・宗教界などの右派勢力が結集して現在の日本を牛耳る日本会議にしても、その萌芽は一九九七年前後に見られるという点は、注目に値すると思います。

また、メディアにとっての九七年前後は、考えさせられることの多かった時期だと言えましょう。

酒場左翼とは

安田 すでに述べましたが、一九九七年といえば僕は週刊誌の現場にいました。編集幹部や大物記者の多くは、団塊世代の人たちでした。そもそも、当時の出版社の幹部には学生運動の経験者も少なくなかった。その多くもまた、酒場で昔取った杵柄《きねづか》としての学生時代の左翼運動について語る、いわば「酒場左翼」でした。

週刊誌の現場は、なんとなく軍隊に似ているな、と僕は思っていました。

日中はがちがちに若い世代を管理して、夜になって酒が入ると「俺は丸太を担いで防衛庁に突っこんだ」などといった話をする。彼らは「お前らは、なぜ権威に弱いんだ」などと若い世代に言いますが、僕らは「もっとも権威を押しつけてるのはお前だろう」と心のなかで思っていました。

僕らの世代は、そんな団塊世代の人たちが大嫌いでした。一回りくらい年齢が違えば、「ええ、防衛庁に丸太で突っこむなんて、すごいですね」みたいな話になるかもしれません。しかし、僕らの世代だと多少の記憶は継承されて、現場を知っている人もいる。だから、団塊世代の元左翼の昔話を聞くのは、本当に苦痛でした。

出版社にいた元左翼の幹部と旧日本軍の兵士とが似ていると感じたのには、こんなことがあったからです。

旧日本軍の元兵士で結成された戦友会という組織を、僕は取材したことがあります。彼らと一緒に酒を呑んでいると、呑めば呑むほど自分の階級を勝手にあげてくるのです。

つまり、二等兵だった人がいつのまにか一等兵になり、伍長だった人が軍曹になったりする。また、酒が入る前には「弾丸がたくさん飛んできて、震えていた」と語っていた人が、酒が入ると「刀を片手に、突撃命令を出した」などと言いだす。

週刊誌の現場にいた元左翼のオヤジ記者も、言っていることはまったく同じでした。呑む前は「デモの隊列のうしろにいた」と言っていたのが、呑みはじめると「俺の指揮で部隊が一〇〇人、動いた」などと言いだす始末です。

酒が入るとみんな指導者になってしまい、末端の兵士や活動家がいなくなってしまう。そんな状況は、元兵士も元左翼も変わりませんでした。

こうした幹部が仕切る週刊誌でしたが、反権力と反体制という姿勢はとりあえずあって、国家権力のタマを取る奴が一番偉いんだ、という雰囲気はありました。ただし、内実がともなっていないということですね。

職場の反権力と反体制という雰囲気が変わってきたのが、九〇年代の半ばでした。すでに述べましたが、新入社員で入った若手の記者が「小林よしのりはいいですよね」などと言いだすようになったのです。ついでに小林の『戦争論』を勧められたりもしました。

読まずに文句を言うのもなんですから、僕は『戦争論』を読みました。そのうえで、愕然とするわけです。とはいえ、これからは『戦争論』を「いいですよね」と評価するような人たちが、週刊誌の現場に入ってくるんだろうな、と悲観的な思いになったのを覚えています。

繰りかえしますが、「つくる会」が活動しはじめた九六年、日本会議ができた九七年、そして『戦争論』が話題になった九八年というこの時期に、メディアの現場の雰囲気がどんどん変わっていくのを僕は体感していました。

元左翼の幹部連中が一斉に退職し、僕らの世代がデスクとかキャップになり、小林よしのりを評価する記者たちが取材の現場を歩く。そして、幹部連中に嫌な思いをさせられた僕らの世代の編集者が、自分の部下にはそういう思いをさせまいと、部下に対して放任になる。

結果として、小林よしのりを評価し、僕らに放任された人たちが、いまの大出版社で幹部になっているんですね。だからこそ、思慮もなくヘイト本が刊行されるなど、大出版社が保守的、というかネット右翼的な本を出すことについては、少なくともその回路だけは理解できます。

第五章

歴史修正主義とメディアの共存

朝日新聞を叩くことの意味

安田　ここで「新潮45」の問題に話を戻します。同誌が朝日を何度も叩いている。でも、朝日を叩くのは、作法として歴代の雑誌がやってきたことのひとつです。いまも昔も、朝日に限らず、新聞を叩くことは週刊誌が展開するネタとして、重要なものだと言えます。

僕が雑誌の現場で言われていたのは、「読売や毎日、産経、日経とかはどうでもいい。朝日のスキャンダルを取ってこい」ということでした。同じ不祥事があったとしても、読売や毎日だと週刊誌の記事にならず、朝日だと記事になる。それはなぜか。単純に朝日を叩いたほうが売れるからです。

一九九〇年代の朝日は、一応、良識のある新聞、すなわちクオリティペーパーとして世の中が認識していました。いまでもその認識はすこし残っていて、ゆえに朝日を叩くと週刊誌は売れるわけです。ただし、昔の朝日叩きといまのそれが異なるのは、もはや進歩的でもリベラルでもない朝日の実情から考えると、「朝日」が記号としての役割しか演じていないということです。

あと、「慰安婦」問題にせよ、戦後補償の問題にせよ、朝日がリードして報じてきたという幻想があります。たとえば、朝日の記者だった植村隆[★1]が「慰安婦」について書いた二本の記事[★2]が、のちに右派勢力によって叩かれました。植村が叩かれたのは、記事の内容がどうこうと言うよりも、朝日の記者であったことが大きい。

★1…植村隆（1958-）高知県出身。元朝日新聞記者。現在は、株式会社金曜日代表取締役社長。

一九九一年の大阪社会部時代に、元「慰安婦」の当事者が証言した録音テープを元に記事を書いた。その記事は、西岡力や櫻井よしこら右派に強く批判された。しかし、裁判では右派の批判が事実誤認にもとづくものであったことが、あきらかになったが敗訴。現在、控訴している。

「慰安婦」をみずから強制連行したと証言した吉田清治[★3]について、その証言の多くが嘘だったことが判明。吉田を記事で取りあげた朝日が、二〇一四年に記事を取りけして謝罪したという騒動がありました。このとき、右派の人びとはしばしば吉田と植村を並列して叩きましたが、両者はまったく面識がない赤の他人でした。植村は吉田の証言を元に記事を書いたことなど一度もありません。

また、一九九一年に自らが「慰安婦」だったことを名乗り出た金学順《キムハクスン》[★4]。彼女のインタビュー記事を日本で最初に掲載したのは、朝日ではなくて北海道新聞でした。さらに植村は、彼女について「慰安婦」ではなく「挺身隊」と記事で書いたことが叩かれましたが、読売も産経も記事で「挺身隊」と書いています。

産経の大阪本社は、ていねいに「挺身隊」を取材したうえで記事にして、かつ記事を書籍にして、その書籍が賞を取っています。

のちに産経は、「挺身隊」に関する記事を訂正・謝罪しますが、そのことを追いかける週刊誌などありませんでした。他方、植村は朝日の記者であるがゆえに、たった二本の小さな記事について叩かれつづけたわけです。

いま見てきたように、記事で叩けば売れる新聞は、もはや朝日しかありません。だからこそ、「新潮45」は売上を伸ばすために、朝日叩きの特集を何度も組むようになったのだと僕は思います。

ところで、倉橋さんは学生のころ、論壇誌とか読みましたか?

倉橋　「論壇誌」という言葉すら、まともに認識していなかったと思います。僕が教え

★2…一九九一年八月一一日と同年一二月二五日の大阪版。

★3…吉田清治（1913-2000）『私の戦争犯罪』（三一書房）を記した文筆家。「慰安婦」強制連行証言をおこなったものと考えられていたが、右派と左派の双方から証言の信憑性が疑われ、現在は「作り話」という評価を受けている。二〇一四年、朝日新聞はこれまでに吉田証言を扱った記事を撤回した。

★4…金学順（1924-97）一九九一年に元「慰安婦」であると名乗り出て、自らの生い立ちを証言した。その証言を元に、朝日新聞の植村記者が記事を書いた。

ている大学生など、おそらくまったく知りません。

安田　「新潮45」も一応は論壇誌なのですが、僕が右派の論壇誌として認識していたのが六九年に創刊された文藝春秋の「諸君！」と七三年に創刊された「正論」です。この二誌が、右派論壇を引っぱる両輪だと考えていました。

六九年と言えば、まだ左派が元気で、左派論壇がある程度の存在感を持っていた時期です。七二年の連合赤軍事件で左派や左翼に対する期待が薄れ、直後の七三年に「正論」の創刊となります。

創刊当時の「正論」や「諸君」をいま読んでみると、なかなかおもしろい。戦前から発言しつづける保守論客の亡霊みたいな人がたくさん登場するものの、彼らによる左派・左翼批判はそれなりに「読める」んです。

彼らは、「人間の理性を過信するな」というようなことを言います。たしかに、当時の左派・左翼は「理性」とか「理念」によって社会が変えられると信じているところがありましたから、うなずかされる部分も垣間見られます。また、ノンフィクションに関しては、両誌ともに左派系の書き手であっても書く場所を与えていました。

こうした状況が、すこしずつ変質していきます。朝日を叩いたりリベラルを叩くことによって、自らの立ち位置をアピールするような誌面作りに変わっていったのですね。保守論壇の質の昔といまは、だいぶ変わっていると思います。

保守系総合誌の変容

安田 前述のとおり、「諸君」の創刊は一九六九年ですが、そもそもなぜ創刊になったのか。日本文化会議という保守系団体が関わっていることは、すでに倉橋さんが説明してくれました。

つけくわえると、同会議が機関誌を出すことになった際、文藝春秋の当時の社長だった池島信平[★5]がそれを同社で出そうと言いだします。ところが、特定の保守系団体の機関誌を出すとは何事だ、と社員は一斉に反対。機関誌発行に反対する署名が集められ、これが機会となって同社に労働組合が発足することになります。そういう時代だったんですね。

結果として機関誌の発行は取りやめになったものの、同会議の主張を含む保守系の雑誌は必要だということで、「諸君」が創刊になりました。重要なのは、当時の文藝春秋という会社は、安っぽい保守系団体とは組まないという意志や、特定の組織とは連携しないという気概があったことです。

こう考えてみると、誌面で「人間の理性を過信するな」と言うような保守本流、もしくは本格右翼の言説を掲載し、それなりに読みごたえがあった雑誌が、なぜいまのような差別と偏見を助長する言説を垂れながす雑誌になってしまったのか、とつくづく思います。排他的・排外的な物言いをするのが保守であるかのごとく、読者に訴えつづけています。

★5…池島信平（1909-73）東京市出身。編集者。元文藝春秋社長。「諸君!」は、一九六九年に池島の肝いりで創刊された。

保守論壇誌としては、「諸君」は二〇〇九年六月号で休刊しましたが、「正論」はまだつづいてますし、〇四年創刊の「WiLL」★6（ワック・マガジンズ）や一六年創刊の「月刊Hanada」★7（飛鳥新社）も元気です。

ちなみに、「WiLL」の初代編集長であり、「月刊Hanada」の現編集長は、「週刊文春」の編集長をつとめた花田紀凱★8です。

マルコポーロ事件の衝撃

倉橋　保守そのもの、また保守論壇誌に書かれる主張が大きく変わってきたのは、一九九〇年代になってからです。安田さんが取りあげたように、朝日叩きが大々的に始まったのは、そのすこし手前の八〇年代末ごろです。

何よりもアメリカと旧ソ連の冷戦構造が崩壊したことにより、保守による反共叩きの勢いが弱まります。まるで、その代わりの敵を見つけるがごとく、保守が中国や韓国といった近隣諸国を叩くのが主流となっていきます。

そして、九五年に「マルコポーロ事件」が起きます。「マルコポーロ」★9（文藝春秋）という雑誌が九五年二月号で、アウシュビッツにガス室がなかったとかユダヤ人絶滅計画はなかったと主張する国立大学の医師である西岡昌紀★10の論考を掲載しました。それに対して、ユダヤ人団体などから抗議を受け、広告出稿を取りやめるなどの主張を受けた結果、同誌が廃刊になったという事件です。西岡の論考を掲載したのが、同誌で編集長を

★6…「WiLL」　ワック・マガジンズの月刊誌。二〇〇四年創刊。右派を代表する雑誌のひとつ。創刊から二〇一六年まで、編集長は花田紀凱だった。

★7…「月刊Hanada」　飛鳥新社の月刊誌。二〇一六年創刊。「WiLL」と双璧をなす、右派を代表する雑誌のひとつ。編集長は花田紀凱。

★8…花田紀凱（1942-）　東京都出身。編集者。文藝春秋では「週刊文春」編集長に。その後、さまざまな雑誌の編集長を経て、二〇〇四年には「WiLL」、一六年には「月刊Hanada」の編集長に。「週刊文春」時代から、右派的な編集方針がつづいている。

★9…「マルコポーロ」　文藝春秋の月刊誌。一九九一年創刊。

やっていた花田でした。

ガス室否定論というか、ホロコースト否定論[★11]は、欧米における歴史修正主義の本丸と言ってもいいような議論です。あったことをなかったと修正しようとしているのですから。『否定と肯定』[★12]という映画で描かれていたのが、ナチス・ドイツによるホロコーストがあったとする学者と、なかったとする在野の歴史研究家との法廷闘争でした。

歴史修正主義というものは、定義するのがむずかしい言葉です。「『慰安婦』は売春婦」とか「南京虐殺はなかった」という議論に象徴的ですが、ある程度の評価が定着している歴史的な事柄について、その評価を逆転させようとするようなものを、ネガティブなイメージで、日本では歴史修正主義と言っています。ただ、その内実は歴史否定論です。

他方、歴史学においては、新たな史料や史実の発見によって修正された歴史や、既存の解釈を見直したことによる新たな解釈も、修正主義と言っていいはずです。最近の例で言えば、二〇一七年に足利尊氏の肖像画の写しが発見されました。このことによって、これまで教科書にしばしば掲載されてきた「馬に乗った尊氏」の姿は、尊氏ではない可能性が高まっています。僕たちが教科書で知っている足利尊氏の画像はもう尊氏ではない。そのように史実は史料によってアップデートされることがあります。

『否定と肯定』の原作となった本を書いたデボラ・E・リップシュタット[★13]が言っていることですが、「歴史修正主義」「リヴィジョニスト revisionist」という言葉は、ホロコーストを否定する当人たちが言いだした言葉です。拙著『歴史修正主義とサブカル

誌上でホロコーストを否定する記事を掲載したことが原因で、九五年廃刊。

★10…西岡昌紀（1956-）東京都出身。医師。「マルコポーロ」一九九五年二月号に「戦後世界史最大のタブー『ナチ・ガス室』はなかった」という記事を寄稿した人物。

★11…ホロコースト否定論　デボラ・E・リップシュタットの『ホロコーストの真実』（滝川義人訳、上下巻、恒友出版）によれば、ドイツ人に罪はない、ホロコーストは起こらなかった、六〇〇万人の被害者は嘘だ、といった説を主張し、事実を捻じ曲げ、必要な史料を無視するような態度の議論。

チャー』のレビューとして「Twitter やアマゾンで、「歴史修正主義」というのはパヨク★14が作りだしたレッテル貼りの言葉だから注意したほうがいい、と書かれたりしています。ネット右翼らが歴史修正主義の意味を勘違いして使っているのですね。

歴史修正主義というのは、歴史を意図的に修正しようとする側から言ってきたものを、学者たちが批判的に使っている言葉なのです。よって、歴史自体は新たな発見があれば新しくなる可能性を秘めているものの、史料の取捨選択がおかしかったり、解釈がおかしかったり、史料から推論されているものに妥当性がなかったり、並びや順序を変えてしまうなど、正当な手続きに則っていないものを歴史修正主義と呼んでいます。なかでも「つくる会」の動きは、自虐史観を廃し、自国の明るい歴史を意図的に取りあげようとするものだったので、歴史修正主義の動きとして認知されています。

そういう意味では、歴史修正主義にもとづいて書かれた歴史は偽史に近い。おかしい結論が出てくるのは、おかしな方法を使って書かれているからです。よって、歴史修正主義の主張はトンデモと評価されるわけですね。

日本の場合、右派の人たちには「自分たちが主張したいこと」が先にあって、そこに歴史を巻きこんでいく。だから、おかしなことになってしまうわけです。杉田議員が取りあげる「コミンテルン」という陰謀論は、よい事例です。まず「コミンテルン」の陰謀があって、そこにさまざまな言葉のパーツを組みあわせることで、論を組みたてていく。

戦争に関する罪悪感を日本人の心に植えつける。そのために戦後、GHQが試みたと

★12…『否定と肯定』二〇一六年制作の英米合作映画。監督はミック・ジャクソン。ホロコースト研究者であるデボラ・E・リップシュタットが、ホロコースト否定論者であるデイヴィッド・アーヴィングを著書で批判したところ、アーヴィングがリップシュタットを名誉毀損で訴えた。その裁判の様子を追いかけた映画。

★13…デボラ・E・リップシュタット（1947-）アメリカの歴史学者。エモリー大学教授。現代ユダヤ史とホロコーストについて教える。著書に「ホロコーストの真実」など。

★14…パヨク　おもに「左派的な発言をする人」を指すネットスラング。

言われるウォー・ギルト・インフォメーション・プログラム（WGIP）についてはすでに触れましたが、これも「コミンテルン」と同じです。江藤淳★15が『閉された言論空間』で紹介しました。WGIPによる洗脳がまだ解けていないという説は、右派によくもちいられている陰謀論です。こうした陰謀論を歴史に入れこむ手法は、日本の歴史修正主義者の特徴だと言えます。

ところで、マルコポーロ事件は安田さんが雑誌の現場にいたころの話だと思うのですが、当時の状況を覚えていますか？

「つくる会」を甘く見ていた雑誌記者たち

安田　すでに述べましたが、当時の僕は光文社で仕事をしていました。業界では、「引っかかってしまったな」という意見が多かったです。「ガセネタをつかまされたな」と言ってもいい。一方、僕らのなかで歴史修正主義という言葉が使われることは少なかったように記憶しています。

一九九〇年代半ばに創刊した雑誌は、ほとんどつぶれています。雑誌がだんだん売れなくなってきた時期で、「マルコポーロ」も部数の伸びない雑誌のひとつでした。だから、「部数を伸ばそうと無理をして、ヘンなネタをつかまされた」という認識が、業界の一般的なものでした。

怒りとか憤りは、一切ありませんでした。いまの表現で言うと、「マルコポーロ、

★15…江藤淳（1932-1999）東京府出身。文芸評論家。日本を代表する文芸評論家であり、正統な保守派の代表的な論客でもあった。著書に『奴隷の思想を排す』（文藝春秋）、『小林秀雄』（講談社文芸文庫）、『漱石とその時代』（第一部〜第五部。ただし五部は未完。新潮選書）など。

やっちまったwww」。その程度の印象でした。

あのときに、メディア業界の内部で批判ができなかったことが、その後につづく保守勢力による歴史修正主義の波に左派・リベラルのメディアが対抗しにくくなった原因のひとつかと、いまは思っています。

では、左派系のメディアがなぜ歴史修正主義を批判できなかったのか。その理由のひとつは、左翼がサブカルチャーにシフトしてしまったことがあげられます。八〇年代に反体制でならした「朝日ジャーナル」[★16]（朝日新聞社）も、末期にはサブカル雑誌になっていましたから。

九〇年代に入ると、一気に総合雑誌と呼ばれたものが売れなくなる。「文藝春秋」[17]は別ですが、「世界」[★18]や「現代」[★19]（講談社）、「中央公論」[★20]（中央公論社）などが影を潜めます。総合雑誌が活動の場であったノンフィクションは、行き場を失ってしまいました。

コストはかかるがリターンは少ないのがノンフィクション。一方、コストをかけずに売上を伸ばすネタがサブカルチャーでした。その典型が「宝島30」[★21]（宝島社）という雑誌で、それこそサブカルチャーで左翼を批判するような、いわゆるサブカル保守の走りです。三年間しかつづきませんでしたが。

とにかく、マルコポーロ事件の当時は、歴史修正主義などたいした勢力にならないだろうというシニカルな思いが僕にはあった。そして、メディアの規模が大きいほど、歴史修正主義者をなめてかかっていたと思う。

マルコポーロ事件の翌年に「つくる会」が設立されますが、当時の僕らはそれを笑っ

★16…「朝日ジャーナル」　朝日新聞社の週刊誌。一九五九年創刊、九二年休刊。左翼運動が全盛だった六〇年代に部数を伸ばしたが、その後は左翼の衰退と平行するように部数を減らしていった。

★17…「文藝春秋」　文藝春秋の月刊誌。一九二三年創刊。日本を代表する月刊誌であり、論調は保守的。

★18…「世界」　岩波書店の月刊誌。一九四六年創刊。リベラルかつ革新に寄りそい、アカデミズムも取りこんだ編集方針。しかし、メインの読者である左派の勢いが減少していることから、現在、発行部数は低迷している。左派系の雑誌の存在感が薄れていることについては、左派勢力の凋落と直結する深刻な問題。

て見ていました。「どうせ、トンデモな教科書を作るんだろう」と言いながら。さらに、新しい教科書なんか作っても、影響力を持つとは思えませんでした。だって、教科書が好きな子どもなんて、いないでしょう。

そんなことを雑誌記者仲間と笑いながら話していました。高見に立ってながめていたんですね。僕は「つくる会」などの右派言説には比較的気まじめに対応していました。しかし、上司や先輩から言われたのが「ムキになるな」と「マジになるな」の二言でした。

ところが、実際には「つくる会」の設立は深刻な影響をおよぼしていました。

日本書籍[★22]という教科書を出版する会社があるのですが、僕は同社の元編集者に最近話を聞きました。同社は、もともと国定教科書[★23]を作っていた教科書シェアがナンバーワンだった出版社でした。東京二三区では、すべての区で同社の歴史教科書が採用されてもいました。

同社の歴史教科書で「従軍慰安婦」が取りあげられたのが九六年。日本では初めてのことでした。ところが九七年になると、同社は「つくる会」をはじめとする右派勢力から攻撃を受けます。従軍「慰安婦」を教科書で取りあげるとは何事だ、ということで。

当時は、まだネットが普及していないので、攻撃はファックスや電話、そして手紙などであいつぎました。何枚かのファックスをAに見せてもらいましたが、そこに書かれているのは「反日」「非国民」「売国奴」といった、現在もネット右翼がネットで使っている言葉でした。ファックスにその言葉が手書きで書かれている。

元編集者によれば、会社に対する右派からの攻撃は、想定内のことだったと言います。

★19…「現代」 講談社の月刊誌。一九六六年創刊、二〇〇八年休刊。〇二年から「月刊現代」に。ノンフィクションに力を入れ、ジャーナリスティックな記事を多く掲載したことでも知られる。本書で紹介した『慰安婦』問題を扱った番組に対する政治介入事件」(一〇五頁)に関連する記事を掲載して話題になった。

★20…「中央公論」 中央公論新社の月刊誌。創刊は一八八七年。一九九九年、発行元が経営危機となり、読売新聞社の傘下に。同時に、同社の月刊誌「This is 読売」は廃刊となり、「中央公論」に吸収合併するかたちとなった。元は偏りの少ない中道であった編集方針は、吸収合併してから右派的なものに変わっていった。

しかし、深刻なダメージを受けたのは、教科書に執筆している大学教員の自宅の写真が送られてきたときでした。この写真には、「お前の教科書に執筆している著者の自宅を知っているぞ」というメッセージが込められていました。その写真を見て、執筆や協力を断る著者が増えたそうです。

右派による攻撃が「功を奏し」、二〇〇二年に東京都内で同社の歴史教科書を採用したのは、二三区のうち一区だけになります。こうして〇四年に同社は倒産しました。ようは、「つくる会」など右派勢力の攻撃にさらされた結果、日本で最古参と言われた教科書出版社が倒産に追いこまれた、ということです。

繰りかえしますが、歴史教育に対する深刻な影響が出ようとしていたときに、僕ら週刊誌の記者たちは笑いながら「つくる会」の設立をながめていた。その後におとずれる歴史認識に関する危機を、僕らは感じとることができなかった。時代の気分を読むことに対して、鈍感だったんですね。

一九九〇年代の半ばは、新聞や出版などの活字媒体にはまだ活気がありました。ウインドウズ95が出るなど、ネット環境の萌芽は見られましたが、ネットがどれだけ社会に影響を与えるのかはまだ見えていませんでした。

活気があったから余裕があった。余裕があったから「つくる会」を甘く見ていた。甘く見ているうちに、歴史認識をめぐる事態はどんどん悪いほうへ傾いていった、ということになるのかもしれません。

★21…「宝島30」　宝島社の月刊誌。一九九三年創刊、九六年休刊。映画評論家・町山智浩の提案で創刊された雑誌。サブカルチャーの要素を織りまぜながら保守に対抗する「サブカル保守」の雑誌と言われた。

★22…日本書籍　一九〇九年に創業した、おもに教科書を刊行していた出版社。二〇〇四年んに倒産。

★23…国定教科書　政府そのもの、または政府が指定する機関が著作して、全国の学校で一律に使用を強制された教科書。一九〇三年から始まり、四七年からの教科書は検定制となった。

歴史修正主義のテンプレート

倉橋　たしかに、出版市場のピークは一九九六年です。発行部数がもっとも伸びた年ですね。以降、右肩下がりで落ちていきます。これは現在も変わりません。

ネットについては、二〇〇一年から〇二年のあいだに普及率が五〇％になったと言われています。つまり、一九九〇年代後半までは、ネットは「ない」ものとして考えることが可能だと思われます。

いまの話を聞いていて思いだしたのは、大塚英志[★24]が「This is 読売[★25]」（読売新聞社）の九七年六月号に寄稿した『「教科書批判」の客層』という短いコラムです。内容は、「つくる会」周辺にいる人びとが同誌に売りこんでくるのを見て、大塚が「あれ、ヤバいよ」「あれ、トンデモだよ」と編集者に忠告した、という話。以下、大事な部分を引用します。

けれど彼ら（倉橋注：歴史教科書問題の論者）を扱うメディアの方は、なんというか、あくまでも際物として彼らの主張を掲載しているようなところがある。（中略）つまり編集者が本気ではないのだ。とりあえずそれで雑誌の部数が増えちゃったし、単行本も売れているからまあいいや、ってなもんなのではないか。（前掲誌、三三頁）

そもそも一連の「教科書批判本」に最初から感じるのはこれらの書物と鬼畜系とかバッドテイスト系、トンデモ本、といった一群のちょっとえげつないサブ・カル本と

★24…大塚英志（1958-）　東京都出身。批評家、小説家、編集者、まんが原作者。国際日本文化研究センター研究部教授。サブカルチャーから民俗学まで、ジャンルを超えた言論活動を一九九〇年代から展開している。『「おたく」の精神史』（講談社現代新書）、『感情化する社会』（太田出版）など。

★25…「This is 読売」　読売新聞社の月刊誌。一九九〇年創刊。保守的な論調で知られた雑誌。九九年、中央公論に吸収合併するかたちで休刊。

は、実は読者はかなり似ているのではないだろうかということだ。（前掲誌、三四頁）

大塚はその後も、ことあるごとに小林よしのりを含めた「つくる会」周辺の人びとへの危惧を、論壇誌で示しつづけます。そして、「つくる会」の会長であった西尾幹二と事務局長の大月隆寛[★26]が、大塚に対して激怒しました。

大塚自身が編集者であったというのもあるかもしれませんが、彼は「つくる会」やその周辺にたむろする右派勢力のヤバさやトンデモ加減を見抜いていた。だからこそ、雑誌編集者に対して警鐘を鳴らした。だが、「つくる会」周辺の著者を起用すると雑誌が売れたので、大塚の警鐘はスルーされてしまったのですね。

九七年くらいの藤岡信勝のテキストには、産経以外のメディアがなかなか動いてくれないことに対する苛立ちが感じられます。彼は、「慰安婦」問題があるからこそ、メディアの「つくる会」に対する反応が鈍いとも思っていたようです。実際にはその逆で、「慰安婦」問題を中心に「つくる会」の議論は広まっていくわけですが。

たしかに「慰安婦」問題には、先の安田さんの話にもあったような「わかりにくさ」に起因するアンタッチャブルな部分があります。今回の杉田議員の発言が問題視されるようになって、彼女の過去の発言がテレビ番組内の大きなおおきなフリップボードに列挙されていました。しかし、そのなかに「慰安婦」問題はありません。さんざん述べているように「慰安婦」を取りまく問題は複雑で、「保育所」と比べれば簡単に説明できるようなものではない、とは思います。でも、彼女がどれだけ「慰安婦」について語っ

★26…大月隆寛（1959-）民俗学者。札幌国際大学人文学部現代文化学科教授。専攻は、民俗学、民衆文化論、エスノグラフィー。「新しい歴史教科書をつくる会」に入会し、一九九八年には事務局長となるも、翌年に除名される。著書に『民俗学という不幸』（青弓社）、『あたしの民主主義』（毎日新聞社）など。

ているのかは、ネットで検索すればすぐにわかります。にもかかわらず……、です。なぜテレビは、「慰安婦」問題に関する発言のみをフリップボードからはずしたのか。それは、杉田議員を批判するのは問題ないが、「慰安婦」問題を取りあげることによって自分らが批判されるのを恐れているからではないでしょうか。

ところで、九〇年代に芽を出した「つくる会」的な言説が、二〇〇〇年代になって立派な木になっていくという話について、つけ足したいことがあります。北田暁大[★27]という社会学者が『嗤《わら》う日本の「ナショナリズム」』（NHKブックス）という本を〇五年に出しています。その北田が一八年に、『終わらない「失われた20年」』（筑摩選書、二〇一八年）を刊行します。後者は前者の続編であり、後者は前者を批判的に乗りこえようとする内容です。

では、北田はいま、『嗤う日本の「ナショナリズム」』の何を批判したのか。それは、〇五年における右派の言説をネタにしていたことでした。「つくる会」や小林よしのりらを「ネタ」として嗤っていた。ところが、一八年になって現状を見てみると、けっして嗤ってはいられないし、ネタにしてもいられない。

そして、右派の勢力を止められなかった「左派」にも怒りを示している。「左派」は右派を放置しすぎたと、辛辣な言葉で北田は「左派」を批判します。「左派」も「右派」と同じように証拠を欠いた言説を流布している。そのことへの怒りが真っ先に書かれ、それが第一章の上野千鶴子批判となります。

左派が右派を放置していた一〇年のあいだに何が起きたのか。右派による歴史修正主

★27…北田暁大（1971-）神奈川県出身。社会学者。東京大学大学院情報学環教授。専攻は、理論社会学、メディア史。著書に『責任と正義』（勁草書房）、『終わらない「失われた20年」』（筑摩選書）など。

義の言説パターンが多様化してきた。つまり、ネット上にさまざまな歴史修正主義に関する言説のテンプレートが準備されているような状況がおとずれている、ということだと僕は思います。

議論の方法についても、その指南書が出まわるようになりました。たとえば、歴史修正主義者はディベートを好みます。「みんなの前で議論しようぜ」と言うのが好きです。言ってみれば、議論のパブリックビューイングをやれ、と言ってくるのです。研究者の発表会に乱入し、いきなり立ちあがって「議論しようぜ」と言いだしたり……。その際に、歴史修正主義に関する言説のテンプレートは有効です。

歴史に関する通説や学説を「左翼の信仰だ」と決めつけるのも好きですね。あと、自分の都合のいいように数字を小さくしたり。先ほど話題になった、「朝日新聞が悪い」というような一点突破系の議論も好きです。これらに陰謀論が加わります。

そこに政治が絡み、「過去の首相は認めていたが、いまの首相は認めていない」といった権威づけの材料として、政治が使われることもあります。また、「当時の事情で仕方がなかった。だから悪ではない」という言い方もよくされます。歴史に関する何かしらの証拠が提示されると、「証拠が足りない。そんな不十分な証拠では、証明できない」と言いだし、追加の証拠がないと「証拠が足りないので、そんな事実はなかった」という話にする。こうした論法は、先ほど触れたように「ゴールポストを下げる」と言われたりします。

じつは、こうした歴史修正主義に関する言説のテンプレートが存在するのは、海外も同じです。アウシュビッツの「ガス室はなかった。ゆえに虐殺はなかった」という一点突破は、歴史修正主義者の定石となっています。

ここで、歴史修正主義に関する言説のテンプレートの具体例を見てみましょう。たとえば、「慰安婦」問題では、次のようなテンプレートが見うけられます。

「慰安婦」はいた、けれども「慰安婦」は商行為であり、官憲による強制連行を示す公的資料・公式文書はない。ゆえに自由意志にもとづく選択である。であるから「慰安婦」問題は存在しない。軍の関与は業者の犯罪行為をなくすための「よい関与」である。朝日などが示す論拠は反日勢力のねつ造である。戦前・戦中の世界の国々に公娼制度はあり、戦地での慰安所設置に問題はなかった（日本だけが責められる問題ではない）。逸脱した強制連行の例は、その一兵士の逸脱行動であり、すでに罰せられている……。

こういったたぐいのものが、歴史修正主義に関する言説のテンプレートの主流となっています。

日本にせよ世界にせよ、〇〇年代には歴史修正主義を盛りあげたり擁護するための方法がやたらと蓄積されていきました。歴史修正主義者は、いまやテンプレートを使えば自らが研究者でなくても一流の研究者を相手にできる。

あきらかに思考をサボっています。テンプレートにしたがうことで、自分では考えなくなりますから。この横着なあり方は、とりわけネットの普及と並行して進んでいると思います。テンプレートの蓄積と並行して、ネット右翼という言葉も登場してくることになります。

ちなみに、「ネット右翼」という言葉が新聞で初めて登場したのは〇五年です。

自己責任と排除

安田　「ネット右翼」という言葉は、そんな古くから使われているのですか。

倉橋　はい。すでに紹介しましたが、サッカーの日韓ワールドカップが開催された二〇〇二年に、韓国のＩＴ企業のＮＨＮが日韓翻訳掲示板（エンジョイコリア／エンジョイジャパン）を立ちあげ、日本人と韓国人のユーザーが「歴史板」で歴史認識をめぐってやりあったようです。そのぶつかり合いを引きずるかたちでネット右翼という言葉が使われはじめ、〇五年に新聞にも認められたということでしょうか。

安田　日韓ワールドカップは、取材もしたし、試合も観にいきました。しかしながら、ネット上で日本人と韓国人が議論しているのは知らなかった。当時の僕は、ネットをやっていなかったので。

ネット右翼を取材するようになって、さかのぼるかたちで当時の翻訳掲示板の内容を読んだりしました。そこで議論になっていることから言うと、そもそも共同開催にすること自体が気に入らなかったんですよね。

いずれにせよ、共同開催で両国が盛りあがる様子を報じていた裏で、ネットでは両国の攻防戦が展開していたということでしょう。いまとなっては、のんきに何を取材していたんだろう、と反省します。

ネット右翼という言葉の起源のようなものが〇二年あたりにある、と倉橋さんは示してくれました。他方、ネットでの日韓攻防戦を知らなかった僕にとって、ネット右翼という言葉の元になった出来事のひとつだと印象深いのは、第一章で述べましたがイラク日本人人質事件です。とくに最初に三人が武装勢力に誘拐されたときのことです。事件が起きてからの、人質の日本人三人に対するつるし上げ、いわばリンチのような言葉の数々に驚き、怖くなりました。そして、ネット右翼的なものの起源を発見したのは、あのときなのかな、といまは思います。僕がネットを使いだしたのが、ちょうど〇四年あたりのことでした。

人質になっている日本人は被害者です。その被害者に対して、「これでもか」というくらいに重ねて自己責任[★28]を問う。当時は、小泉純一郎[★29]が首相となって、新自由主義にもとづく構造改革を断行していた時期でした。規制と保護をなくした結果、多くの失業者が生まれたものの、失業したのは自己責任という議論が盛んでした。人質の三人にも、自己責任という言葉が投げつけられたのは、言うまでもありません。

ネット右翼に話を戻すと、人質が解放され、日本の空港に着いたときに、アスキーアートで彼らを中傷するようなビラを持って、笑いながら出迎えた人たちがいたことは、一章で述べました。その人たちこそ、僕のなかではネット右翼の原点とも呼べるような、不気味な人たちでした。

ここで倉橋さんに聞きたいことがあります。ネット右翼の復古的な物言いがあるでしょう。たとえば、差別的で排外的でナショナルな物言いですね。それと新自由主義と

★28…自己責任　「自分の行動の責任は自分にあること」（大辞泉）とされているが、イラク日本人人質事件を契機に、組織が責任から逃れるため、自由意志によって選択された行為の負の帰結を、当該個人の責任とすることで、構造的問題を不問に付す言説として論争的に扱われるようになった。

★29…小泉純一郎（1942-）　神奈川県出身。元内閣総理大臣（二〇〇一年から〇六年に在任）。構造改革を政策に掲げ、郵政民営化を実施した。メディアを利用した宣伝・広報の手法は、「小泉劇場」と呼ばれた。政界引退後の二〇一一年からは脱原発を訴えている。

いう新しい発想とが、つねにリンクしているような気がしてなりません。
○四年前後に僕は労働運動をよく取材していました。労働組合が弱体化し、組合員がなかなか集まらなくなっているような時期です。同時に、公務員バッシングが盛んにおこなわれました。公務員の給料が高すぎるとか、人が多すぎるとか。小泉構造改革にならって、企業が合理化を進めていく。合理化に反対する人は、会社のお荷物である……。
こうした状況のなかで、ネット右翼的な物言いと新自由主義的な物言いはまったく別物なので、リンクすることなどありえない、と当時の僕は考えていました。ところが、あとから考えてみると、日本ではこれらが両立していたような気がするのです。つまり、ネット右翼が自己責任を掲げて公務員を叩き、失業者を叩く。

こうした現象はなぜ起きるのでしょうか。また、日本特有の現象なのでしょうか。

リンクするネット右翼と新自由主義

倉橋 ネット右翼的な物言いと新自由主義的な物言いがリンクするのは、日本特有ではないと思います。
新自由主義（ネオリベラリズム）という言葉はアメリカのメディアやジャーナリズムが発祥で、日本ではデヴィッド・ハーヴェイ[★30]ら地政学[★31]（社会経済地理学）の学者が使うようになった前後の時期に広まりました（『ネオリベラリズムとは何か』本橋哲也訳、青土社、二〇〇七年）。そして、海外の事情を見ていると、やはり新自由主義というものは、パトリ

★30…デヴィッド・ハーヴェイ（1935-）イギリスの地理学者。ニューヨーク市立大学名誉教授。専攻は、経済地理学。マルクス主義をはじめ、さまざまな領域の学問を地理学に応用し、独自の議論を展開している。著書に『新自由主義』（渡辺治監訳）、『反乱する都市』（森田成也ほか

オット的、すなわち愛国的なものと結びついています。

「ネオリベラリズム」の特徴は、一般的にその経済的性格から語られます。グローバルな市場自由主義、市場と財産の保護、小さな国家、低福祉―社会保障の見直し、自己決定―自己責任、規制緩和による民営化と競争の促進に特徴があらわれるというのが通説です。そこにくわえて、軍事的機能や監視機能が色濃く反映された場合は、「ニューライト」★32（新右翼）、「ネオコンサヴァティヴ」（新保守主義）などと呼ばれることがあります。ハーヴェイによれば、「ネオリベラル国家」の基本的な宿命は、「ビジネスに好適な環境」を作り、資本蓄積の条件を整えることであり、その標語は「柔軟性」であって、競争を煽りつつも、実際は既得権益層の保護にある、というものです。現在の日本を考えてもこの軸は変わっていないのではないでしょうか。

そもそも、他の国に対し、経済的な規制をはずして自国の製品を買えという主張が自国中心主義であり、愛国主義だと言えます。アメリカの新自由主義とは、経済的な植民地を増やすことを目的としていますから。

新自由主義と歴史修正主義が同時期に声を大きくする理由として考えられるひとつの理由は、個人の自由と市場を制度的に守るためには強い政府が必要である、という部分で両者が共鳴するというものです。グローバルな経済論理とナショナリズムという二つの権力が一点に集中するような構図になっていきます。ですから、市場における個人の自由競争を制度的に国家が守ること（機会の尊重）とその失敗による自己責任は、同じコインの裏表になっている。

訳。以上、作品社）など。

★31…地政学　政治学の一形態で、地理的な空間や条件から民族や国家の特質を説明しようとする学問。スウェーデンの政治学者チェーレンが提唱し、ドイツの政治地理学者ハウスホーファーが大成したとされる。ナチスの領土拡張を正当化するための理論として使われた。

★32…ニューライト　新右翼。旧来の保守とは違う保守を示すときに使われるが、その「違い」は国によっても時代によっても異なる。日本の場合「新右翼」と言えば、新左翼との相対的な立場で呼称される。新左翼は共産党系や社会党系ではない学生運動団体を指すことが多く、新右翼はそれに対抗して宗教右派・民族派の学生運動を端緒にしている。

近年のアメリカでは、新自由主義と軍需産業がセットになったネオコンサヴァティヴな政策を進めていたのは、ブッシュ政権のころの共和党です。同政権が非常に新自由主義的経済であり、愛国主義的だったことは自明の事実です。

安田 新自由主義とは、自国にとどまらず世界も自分の国であるように見立てたうえで進められていく政策、おもに経済政策ですね。これは地球を市場の対象にしたもの、つまりグローバリズムに発展していく考え方だと思います。

繰りかえしますが、そのグローバリズムと、差別的で排外的でナショナルなネット右翼の物言いがリンクしている。そのことが気になって仕方ありません。重ねて問いますが、これはなぜなのでしょうか。

倉橋 社会学者としては、なかなか証拠を示せないので、簡単に答えられる問いではありません。でも、マクロな視点からすこし話ができると思います。

認識論的な側面から話せば、自己を再規定するためには他者を見ろ、という話になります。逆もしかり、でしょうか。他者を見ることによって自己を再規定する。グローバリズムというものは、他国の状況や人びとを見る、すなわち他者を見るという行為です。

他者を見ることによって、自国の「伝統」や文化領域の特性の持っている価値への再評価が生じます。前述のハーヴェイによれば、「新保守主義は支配的な階級権力の構築と再生というネオリベラルな目標から離脱することは決してないが、中核となる道徳的価値観のまわりに合意形成することによって、そのような権力の正当性を担保しようとするのである」というのです（前掲書、七一頁）。つまり、ネオリベラルな目標とナショナルな道徳的価値観をもって「コンセンサス（合意）」を得て、権力の集中を狙っているのが、現代右派の動きの特徴ということになります。

差別的で排外的でナショナルなネット右翼の自国に対して決定権を持つ主体（＝認可主体）としての自国への権利意識と、グローバリズムによる経済植民地化思考は、「植民地化されたくない」という志向性とつながっているのではないでしょうか。ネット右翼は、「日本が在日に支配されている」という強迫観念があるでしょう？

元在特会の初代会長である桜井誠が二〇一六年の東京都知事選に立候補した際、演説のなかで新自由主義的な発言はそれほど見られませんでした。他方、橋下徹には新自由主義的な発言が多い。そして、「がんばった僕が報われないのはおかしい」という自己の成果には最大限興味を示すけれども、その成果で支払った税を使って他者を支援するといった公共性には、あまり興味をもたない。まさに自己決定―自己責任の論理です。

両者に共通するのは支持者の層です。いずれも富裕層もしくは経済的に不自由していない人びとが彼らに投票しています。そういう人たちは、自分らが勝ち組であることや困っていないことを前提にしつつ、認可主体になっていこうとします。その認可主体の枠組みが国家になったとき、愛国主義との相性はよくなります。

第六章
リベラルはなぜ右派に対抗できてこなかったのか

歴史修正主義の事例研究

倉橋　歴史修正主義で有名な議論のひとつは、「南京虐殺はなかった」というものです。一九三七年に日本軍が中華民国の首都である南京市を占領した際、中国人に対する虐殺があったのかなかったのか、という議論ですね。

「なかった」派のロジックはいくつかあって、南京事件調査研究会[★1]は歴史学者を中心としたメンバーが集まり、「なかった説」に対して証拠にもとづいた反論をおこなっています。同会の著書『南京大虐殺否定論13のウソ』（柏書房、一九九九年）から南京事件否定説のパターンをいくつか紹介してみましょう。

「南京事件は東京裁判によるデッチ上げ」「日本国民は誰も南京で大虐殺があったなどと語るものはいなかった」「当時の国際社会で問題にならなかった」「中国では問題にされていなかった」「三〇万人の虐殺は当時の南京市の人口より多い」「虐殺など誰も見ていない」「中国人の反日攪乱工作員が日本軍のしわざに見せかけた」。

これらの説は、史料や証言の検証ならびに裁判において、すでにすべて反駁されているわけですが、いまだに右派の論壇や書籍に繰りかえし登場します。

いま南京虐殺もしくは南京事件を否定するような議論をTwitterで検索すると、しばしば見られる物言いがあります。それは、「学者たちが気づかなかったから、市民の私たちが中国の動きを警戒してあげているんだ」というものです。さらに、否定する人びとに共通して言える物言いは、「学者にはイデオロギーがあって信用できない。だか

★1…南京事件調査研究会　笠原十九司、洞富雄、藤原彰、吉田裕、本多勝一らによって組織された、南京事件の実態を調査・解明するための会。南京事件否定派に対し、『南京事件資料集』（青木書店）や『南京大虐殺否定論13のウソ』（柏書房）などで対抗している。

ら自分らが真実を追究する」というものです。

歴史修正主義者が否定しようとした歴史的出来事としては、第二次世界大戦のあとで連合国が日本の指導者らを裁いた東京裁判もあげられます。もちろん東京裁判に問題点があることは数多く指摘されています。

しかし、たとえば前述の南京事件否定論では、GHQが命令した新聞連載「太平洋戦争史」で南京事件が突如登場し、東京裁判で本格的に展開されるなどの説があります。もちろんそんなことはなく、世界でも報道していたし、外務省や軍でも確認されている。なにも東京裁判に起因することではない。

これは安田さんのほうがくわしいと思いますが、日韓併合を正当化する議論もたくさんありますね。ちょうど手元に、渡部昇一が書いたものがあるので紹介します。

「明治以来、日本は韓国を植民地にするつもりで接触したことはない。韓国の反応が悪くなった。このまま放っておくと、韓国は初めは清国に、その次はロシアに取られてしまう。あれやこれやが発展して、ついに韓国独立のための日清戦争になった。その結果、日本の韓国併合までいってしまった。／日本の韓国併合を現在の物差しだけで考えると、日本だけが一方的に悪いことになってしまう。(中略)日本は韓国併合の際、アメリカやイギリスのような非人間的なことはしたくない、道義的に行いたいという強い意志を持っていたのである」(『ゆがんだ近代史』再構築の提言」『正論』一九九六年十月号)

あきらかに日本近現代史を美化する意志が働いていると考えられます。

同様の「よい関与」というロジックは、「慰安婦」問題でも使われています。軍が

「慰安婦」に関与したのは、経営者による犯罪行為を取りしまるためだという議論です。同様に植民地解放のロジックも「占領したのは現地のためのことだった、インフラ整備などもやった」というものです。

以上のように歴史修正主義者は、これまで教科書に掲載されたり歴史研究者が著作で述べてきた「通説」に対して、規模が小さいとか、現地の役に立っていたとか、被害者と呼ばれる人のためになっていた、と主張します。彼らの主張の前提には、正当化したいものが先にある。それが歴史修正主義者の最大の特徴だと僕は考えています。

というのも、九〇年代に再燃した歴史否定論は、いずれも破綻し、批判がなされたものばかりです。一方では証拠によって歴史的事実を積みあげて証明をしているのに、他方の否定論は証拠など無視して恣意的に歴史を扱っているわけです。否定論は学問ではありません。政治的キャンペーンとして見るしかない。そこで彼らの主張は何を正当化したいかというと、それは戦争の歴史や近代日本の歴史の美化であり、憲法改正と軍事化への道ではないでしょうか。

逆張りは気持ちいい⁉

安田 歴史の通説を否定するような言説は、戦後一貫してありました。とくに南京虐殺が話題になったのは、鈴木明[★2]が『「南京大虐殺」のまぼろし』を出した一九七三年でした。この本は、第四回大宅壮一ノンフィクション賞を受賞しています。

★2…鈴木明（1925-2003）東京都出身。ノンフィクション作家。TBSに在職中の一九七三鈴木は同書で、南京大虐殺がなかったのだと明確に断じているわけではありません。全面的に日本軍の蛮行を否定しているわけではないのです。鈴木は主に〝百人斬り〟の否定に論点を置いています。そして実際、鈴木はその後、南京大虐殺をめぐる議論からも離れています。それにもかかわらず、同書のタイトルは独り歩きし、虐殺否定派が〝まぼろし派〟などと呼ばれるようにもなりました。

日韓併合にしても南京虐殺にしても、日本が悪いことをしていないと主張する人たちが、何かから学んで発言しているというよりも、「逆張り」、つまりある物事にただただ反対することが目的で発言しているように見えます。倉橋さんが言うように、正当化したいことが先にあっての反論ということです。そして、その逆張りには、ある種の快感みたいなものがあるのではありませんか。

逆張りには、たいせつな部分もあります。議論を進めるときに、逆張りしたりされたりすることで、新たな議論が立ちあがったりもするからです。

僕は、東京都の学校教員の集まりに参加したことがあります。年配の教員が多かったのですが、八〇年代までの都立高校では、日本史や世界史の授業をやっていると、生意気な議論をふっかけてくる学生がクラスのなかにいたそうです。

「先生、その歴史観はまちがっているよ」というような生徒ですね。そのように歴史観を教員に問うような学生は、有り体に言うと左翼が多かった。学生同士では、そんな左翼的な言動や振るまいがかっこいいと思われていた。

ところが、九〇年代になると空気が変わります。議論をふっかけてくる学生はいるの

年、『「南京大虐殺」のまぼろし』（文春文庫）が大宅壮一ノンフィクション賞に。同書の中で鈴木は虐殺を否定していない。にもかかわらず、同書はタイトルゆえに虐殺否定派に利用されることになる。著書に『リリー・マルレーンを聴いたことがありますか』（文春文庫）、『アウシュヴィッツからの旅』（講談社）など。

ですが、その言い方が「先生、それは日教組★3史観だよ」となる。つまり、歴史に対する学生の議論の仕方が変わってきたと言うのです。それでも、やはり日教組を持ちだして教員に議論をふっかける学生はかっこいいと思われたりする。

ようするに、いつの時代も「逆張りがかっこいい」という風潮については変わらない、と僕は思うのです。議論の内容がどうこうと言うよりも、教員という権威に対して楯突くことのかっこよさが重要になってきます。

廊下を走ってはいけません、宿題を忘れてはいけません、遅刻をしてはいけません。これら教員という権威から発せられる言葉があります。他方、現在の左派と呼ばれる人たちが発するのは、民主主義は守らなければいけません、戦争には反対しなければいけません、人権は尊重しなければいけません。右派にとって、これらが権威的な言葉として響いたのかもしれません。

そして、「廊下を走ってはいけません」と「民主主義を守らなければいけません」は、本来ならステージが異なるものなのに、生徒のなかでは権威から発せられているという意味で、同じステージに見えたりしている。つまり、「廊下を走ってはいけません」に反発するのと同じレベルや意識で、「民主主義を守らなければいけません」にも反発する。

教員の人たちは、以上のような話をしていました。僕はこの話を聞いて、通説となっている歴史認識にあえて反発するような、いわば逆張りの思想というのは、こういうところから生まれてくるのかもしれない、と直感的に思いました。

八〇年代までは左派的なロジックで教員に反発するのがかっこよかったのが、九〇年

★3…日教組　日本教職員組合の略。学校の教職員を組合員とする全国組織の労働組合で、一九四七年に結成された。九〇年代までは文部科学省からのボトムダウン的な教育政策に、現場からのボトムアップとして対抗してきた。しかし、近年は力を失い、二〇一七年の組織率は二二・九％（文科省「平成29年度教職員団体への加入状況に関する調査結果について」）となっている。

代になると右派的なロジックで反発するのがかっこよくなっていった、という部分になります。

自分は権威に逆らっている、という意識を抱いたり自覚するための方法として、歴史修正主義的な物言いというものが、一定の効果を与えたのではないかと思ったりします。

倉橋　「つくる会」界隈の話に出てくるのが、「学級民主主義」です。小林よしのりはいまでも使っています。ようするに、学校で教えられる理想主義的で「お花畑」な政治観をこの言葉で批判しています。学校カルチャーにおいて戦後主流とされていた知識だとか権威だとかに対する逆張りとか反抗とか抵抗という思想が、小林らの思想の中心にあります。

すなわち、教育における権威と規範に満ちた物言いは、実践的なレベルでもちいることができるようなものではなく、無用である。教育者の言っていることなど、そもそも地に足のついていないものだ。そういった小林の判断が透けて見えます。

現在の風潮で言うと、学者というものを権威と見なしていて、権威を叩くという名目で学者の説や議論を叩く人がいます。まあ、その権威は学者でも日教組でも左翼でもよいのでしょうけれど。

僕も飲み屋で直接、叩かれたことがあります。大学の近くの居酒屋で、酔ったお客から「おたくら学者さんは、そちら側（＝左派）の考えだからさぁ」と言われました。「慰安婦」問題に関する話をしているときのことです。その人は、あれは韓国の反日教育がなしているもので、朝日が誤報を撒きちらしている、と言うのです。いやいや、そんな簡単な話ではないと反論したわけですが、そんなに単純化できる話ではないので、会話になりません。教育者や学者といっても、右派の人も保守の人もたくさんいるにもかかわらず。

本質がスポイルされていく

倉橋　こうした議論で痛感したのは、権威を叩くことに主眼が置かれ、そこが先鋭化されすぎていて、「議論の中身が正当であることを示す」といった議論に行きつくまでの手続きなどがスポイルされている、ということでした。

「つくる会」の話で言えば、彼らが唱える議論はすべて、学術媒体に掲載されたものではありません。小林よしのりが『戦争論』の巻末で参考文献として取りあげているもののなかに、学術論文や学術媒体に掲載されたものはないのです。その多くが右派系の出版社から刊行されたものでした。

ちなみに日本の学術系出版社は、歴史修正主義とは距離をとっています。他方で、右派の「歴史戦」においては、それが課題にもなっているようです。学術書や専門書がないことが海外展開をする際に躓きの石になっている。[★4]

僕は、『歴史修正主義とサブカルチャー』を書くために、小林が参考文献で取りあげている本を入手しようと試みました。でも、勤務している七つの大学の図書館で文献を調査しましたが、ほとんどありませんでした。おそらく大学図書館には置かれないので

★4…山口智美「官民一体の『歴史戦』のゆくえ」『海を渡る「慰安婦」問題』岩波書店、二〇一六年、一二三頁。

しょう。だから、身銭を切って購入せざるをえなかったものも多い。

この事実が示すのは、大学における「学問」や「知」というものとはまったく異なる回路や方法で「学問」や「知」を築いていこうという意志が、歴史修正主義を唱える人びとにはある、ということです。

前述のとおり、学内にいて図書館を使おうとすると、歴史修正主義の商業ラインにのった著作は検索に上がってこない。蔵書されていないのです。つまり、学術的に歴史を研究したものと歴史修正主義的なものとは、「知」の置かれている場が大きく違うことになります。

しかし、ちょうど「慰安婦」問題が起きたころに歴史修正主義的な書籍が多数、世に出まわった。運動していた人たちにとっては、知らぬ間に広がっていった歴史修正主義や「慰安婦」否定論に応答せざるをえない状況になった。それが九〇年代後半を過ぎてからのことだったと思います。

歴史修正主義の著作が学術出版社や大学図書館から距離を置かれ、大小の規模を問わず、商業主義の（特定の）出版社と手を組んで拡散されてきたことは、安田さんが言っていたような、学校に反抗する、権威に反抗する、既存の知のあり方に反抗する、という姿勢と、非常に強く関係していたのではないかと思うところがあります。

権威に反抗する際に「歴史」がツールとして使われたことには必然性があります。歴史は国家と強く結びついていますから。

教育が攻撃される時代

倉橋　「つくる会」の中心人物である藤岡信勝は教育学者です。教育の方法などの構築をライフワークでやっていた人です。それが一九九〇年代に入ると、歴史修正主義の本を書きはじめます。藤岡が影響を受けたのが、リチャード・マイニア[★5]の『東京裁判』という本でした。マイニアに出会い、対談したことがきっかけで、「自由主義史観[★6]」の日本における普及とディベートの導入を考えたと藤岡は言っていました。

藤岡がやろうとしていたことは、現在進行形でおこなわれている学校での歴史教育を、現役の教育学者が壊していく、という作業です。既存の教育体系を解体する作業とも言えます。座学の知識詰めこみ型の教育から、体験型の教育への転換と言ってもよいでしょう。解体後の教育の方法としては、たとえば歴史の授業にディベートを導入する、とか。

向山洋一[★7]という小学校の元教員がＴＯＳＳ[★8]（Teacher's Organization of Skill Sharing、教育技術法則化運動）という集団を率いています。独自の方法で教育技術を教員に啓発しているのですが、そんな彼は「つくる会」や日本会議の高橋史朗[★9]が推奨する「親学」とも近い関係にあります。日本青年会議所[★10]などとも連携し、北方領土のセミナーをやったりもしています。

藤岡、向山、高橋のいずれを見ても、教育者（または教育学者）がこれまでの教育を切りくずしていく際に「歴史」というテーマを取りあげ、それが結果として歴史修正主義

★5…リチャード・マイニア（1938-）アメリカの歴史学者。著書の『東京裁判』（安藤仁介訳、福村出版）で、東京裁判が国際法やその手続き、そして史実といったいずれの観点からもまちがっている裁判だと断じた。

★6…自由主義史観　藤岡信勝が提唱した歴史観。大日本帝国がおこなった戦争や政策を批判的に論じることを「自虐史観」とする。その「自虐史観」から自由になり、大日本帝国がおこなったことを肯定し、再評価する歴史観を、藤岡は「自由主義史観」と呼んだ。

★7…向山洋一（1943-）東京都出身。元教員。ＴＯＳＳを運営している。

につながっていくという現象が、九〇年代末に見られました。ひとつの大きな流れと言ってもいい。

その流れに沿ったものは、現在の教育行政に対する圧力として見られます。たとえば、大学に対する攻撃、それも文系の学部に対する攻撃にその流れの片鱗を見ることができます。二〇一五年六月八日に文科省は「国立大学法人等の組織及び業務全般の見直しについて」という通知を出します。この通知に尾ひれがついて、文系学部や教員養成系学部が廃止されるという噂やニュースが広がっていきました（吉見俊哉『「文系学部廃止」の衝撃』集英社新書、二〇一六年）。

このニュース自体は過剰反応でしたが、実際に〇四年の国立大学法人化[★11]以降、大学への通常の交付金は年一%ずつカットされつづけ、人件費の確保が困難になり、教員の非正規雇用化があとを絶たなくなった。研究費を得るために、競争資金獲得の書類仕事に膨大な時間を割かれた結果、先進国のなかでこの一〇年に論文数が減ったのは日本だけ。

さらには、〇四年以降、文科省から大学への天下りが横行しています。一七年にあきらかになりましたが、一五年に文科省の高等教育局長が組織的な天下りのあっせんで教授になったという早稲田大学の例は、もっとも顕著で問題視されたものでした。

いまの大学は、政官財界の三つ巴の圧力を受けていると考えていい。そうした意味では、教科書運動などもあいまって、二一世紀初頭は教育が攻撃の対象になった時代と言えるかもしれません。

杉田議員らによる文科省の科研費[★12]バッシングなども、その圧力の事例だと言えます。

★8…TOSS Teacher's Organization of Skill Sharingの略。前身は向山洋一が一九八三年に立ち上げた「教育技術の法則化運動」。二〇〇〇年からTOSSに。生徒に対する指導法を教師にレクチャーする「研究団体」。

★9…高橋史朗（1950-）兵庫県出身。教育学者。麗澤大学大学院学校教育研究科特任教授。「新しい歴史教科書をつくる会」の元副会長。家庭の教育力が低下していることから、親が伝統的価値観にもとづいた子育ての方法を学ぶべきだとする「親学」を唱える。著書に『歴史教育はこれでよいのか』（東洋経済新報社）、『「日本を解体する」戦争プロパガンダの現在』（宝島社）など。

科研費とは、文科省と日本学術振興会が交付する研究助成費で、あらゆる分野の学術研究の発展を目的とするものです。

「週刊新潮」一八年五月三・一〇日合併号に櫻井よしこが書いた「科研費の闇　税金は誰に流れたか」という記事で、法政大学の山口二郎[★13]が批判されています。反日学者に科研費を出すな、という論調で。記事の元となった科研費の調査をおこなったのが杉田議員です。しかし、まったく学術的なものや科研費のことを知らずに批判されたものでした。いまの安倍政権に批判的な学者を「反日学者」と位置づけ、そんな学者に税金である科研費を出すのはおかしい、という論法の記事なのですが、学術的な研究に対して「反日」などイデオロギーをベースにして言及している時点で話がズレていると言わざるをえません。

いずれにしても、この二〇年間を振りかえってみると、いま見てきたように教育が執拗に攻撃されつづけていることがわかります。権威を攻撃すると気持ちいいという話が出ましたが、もはや教育など権威でも何でもないと思うのですが。

それとも、「教育＝洗脳」と理解して、洗脳をする奴は許せないという意味で、教育が攻撃されつづけているのかもしれません。右派と呼ばれる人たちは、「洗脳」という言葉に敏感に反応するので。

日本会議も教育運動が大好きです。日本会議の教育部門は、日本教育再生機構[★14]が活動の中心にあり、教科書などの作成をしています。傾向として、愛国心を中心とした道徳教育、伝統文化、家族の絆の大切さなどを訴えています。

★10…日本青年会議所　公益社団法人で、日本ＪＣとも言う。一九五一年に設立。全国の青年会議所を束ねる組織。地域の若手経営者らが参加しており、日本会議と協同して「草の根保守」の実働部隊だと言われる。

★11…国立大学法人化　政府は、二〇〇四年に国立大学を「大学の自主性を尊重しつつ大学改革の一環として」独立行政法人化した。

★12…科研費　科学研究費補助金の略。大学や研究機関の研究者に対し、独創的かつ先駆的な学術研究を振興する目的で交付される助成金。人文・社会科学から自然科学まで、あらゆる分野の研究を対象とする。文科省と日本学術振興会が公募し、審査を経て交付する。

また、高橋史朗が理事長を務める「親学推進委員会」は、「乳幼児期の愛着形成の不足が軽度発達障害またはそれに似た症状を誘発する大きな要因」「わが国の伝統的子育てで予防、防止できる」など、トンデモ科学観を主張しています。

日教組はいまも活動しているのか?

安田　「教育を受けてきたこと＝日教組に洗脳されてきた」という文脈で語られることは、右派のなかではよくあることです。

これは笑い話なのですが、僕が取材で会った栃木県出身の在特会メンバーの一人が「僕は中学のときに日教組教育を受けて、真っ赤になりかけたが、ネットで真実を知って、染まらずに済んだ」と言っていました。しかし、栃木県に日教組はあるものの、ほとんど機能していません。また、栃木県は全国唯一、保守系の教育団体が力を持っている県なのでした。ですから、中学生の思想を染めあげるような力など、栃木の日教組は持っていないのです。

気をつけなければいけないのは、同じような考えを持つネット右翼は、けっして少なくないということです。文科省が主導している日本の教育を、日教組が主導しているという安っぽい図式のなかで受けとめている人が多い。

そもそも、ネット右翼が敵視する日教組は、もはや敵に値しないくらい弱体化している。組織率は三〇%を切ってますし。北海道や大阪、広島、沖縄などで日教組が強いな

★13…山口二郎（1958-）岡山県出身。政治学者。法政大学法学部教授。専門は政治過程論。左派の代表的な文化人。著書に『若者のための政治マニュアル』（講談社現代新書）、『政権交代論』（岩波新書）など。

★14…日本教育再生機構　「新しい歴史教科書をつくる会」が分裂して、同会の八木秀次らが二〇〇六年に設立した団体。育鵬社の歴史と公民の教科書を教育現場で採用すべく働きかけている。

どと言われてますが、それは単に日教組の組合員のなかに戦闘的な人がいるというだけの話です。で、戦闘的な組合員がいる県の日教組は、組織率が低い。

組織率が高いのは富山県や静岡県で、いまでも七割か八割の教員が加入しています。その理由は、組合としての運動はほとんどせず、互助会として機能しているからです。福利厚生など、組合費を払うことのリターンがありながら、政治的な運動はしないのですから、加入のハードルが低くなります。都民共済とか生協などに加入するのと同じノリです。

いずれにせよ、教育に対する攻撃は、ずっとおこなわれてきたことです。古くは八〇年代に左派的な立場から管理教育が批判されました。管理教育を批判していれば、左派的な人びとから支持された、とも言えます。とはいえ、管理教育をする側である教員には、右翼も左翼も含まれていた。平和教育をしている教員もいたわけですから。

この場合、敵は右翼とか左翼という党派ではなく、教育体制そのものでした。つまり、当時の教育というシステムに関わっているすべてのものに対する攻撃をおこなうことが、左派からのシンパシーを得るうえでも重要なことだった、ということになります。

そして、九〇年代になると、倉橋さんが述べたように右派からの教育への攻撃が始まります。

「つくる会」を冷笑する態度は学者としてどうなのか

倉橋　逆張りの話に戻しますが、「つくる会」や右派が勢力を伸ばした一九九〇年代に、なぜメディアが逆張りをしなかったのか、というのは重要な問題です。

当時の文献を読んでみても、本や雑誌の出され方を見ても気づくことですが、学者やアカデミズム界隈も（話題書への対応はあったものの）ほとんど即座の反応をしていませんでした。あざ笑うのみで、まちがいを指摘するわけでもなく、テキストで反論することもなく……、わりと冷笑していたわけです。

こうした状況は、日本だけの話ではありません。映画『肯定と否定』に登場するデボラ・E・リップシュタットは、歴史学の先輩研究者に声をかけられて、ホロコースト否定派の研究をはじめます。しかし、声をかけられたときには、なぜ「エルビス・プレスリーの生存説」を唱えているのと同じレベルのホロコースト否定派を相手にする必要があるのか、と考えたと言います。つまり、ある意味ではホロコースト否定派をさげすんでいたわけです。さげすんで相手にしないうち、ホロコースト否定派は論陣を張り、世間に自説を訴えるなど、勢力を伸ばしていきます。日本のメディアやアカデミズムが、「つくる会」などを冷笑し、放置した結果、勢力を伸ばしていったのと同じ構図です。

たしかに学者は、エセ科学やトンデモ理論を冷笑し、スルーする傾向があります。当たり前の話ですが、それに対応する時間があるのなら、自らが進める調査や研究を進めたほうがいいということですね。リップシュタットもそうでした。メディアが専門の研究者でさえ、創設当時の「つくる会」など右派勢力の歴史修正主義について、研究対象として取りあつかっている人はほとんどいません。

書籍と雑誌の話で言うと、九〇年代に右派勢力のおかげで売上を伸ばした右派論壇誌も、だんだん売れなくなっていきます。対象読者が高齢者だというのもあるでしょう。なによりも若者が読まない。

そこで部数を伸ばしてきたのが、「SAPIO」や「週刊SPA!」などの雑誌でした。前者は小林よしのりの漫画を掲載することで、後者は金・女・遊びといった風俗を特集するなど、若者向けにサブカルの感覚を誌面に取りいれていきました。

とくに、九六年に小林の「新・ゴーマニズム宣言」を連載開始した「SAPIO」は、爆発的に部数を伸ばします。当時の別の雑誌を読んでみると、「SAPIOは右傾化していないか?」という話が出ている。実際に、同誌が右寄りになりはじめたのは、やはり小林が漫画で従軍「慰安婦」問題を取りあげた時期だと言えます。

「つくる会」などを冷笑していた学者がいいのか悪いのか。この評価は、なかなかむずかしいところです。いずれにしても、小林が「慰安婦」問題を提起したことにより、学者もそれを無視できなくなりました。

象徴的な対抗は、上杉聰[★15]による小林批判である『脱ゴーマニズム宣言』(東方出版、一九九七年)でした。同書は、小林の「慰安婦」問題の記述の事実誤認について該当箇所などをマンガのコマを「引用」して批判したものでした。小林は、著作権法違反を訴え、裁判になりました。結果は、引用は認められたが、控訴審で出版差しとめとなりました。

★15…上杉聰(1947-) 岡山県出身。評論家。部落史研究家。関西大学人権問題研究室委嘱研究員。著書に『天皇制と部落差別』(解放出版社)、『日本会議とは何か』(合同出版)など。

★16…クマラスワミ報告 国連人権委員会のラディカ・クマラスワミ氏による「女性に対する暴力とその原因及び結果に関す

現在出ている二〇〇二年版は、その箇所を修正した新装版です。

この件で注目すべきことは、内容の正否を飛ばして、別の側面（マンガのコマの引用）から小林が攻撃を仕掛けたことでした。『脱ゴーマニズム宣言』の前後にも小林批判の本は数多く出されているのですが、「メディア」という側面から考えると、非常に象徴的な事件となりました。

また、二〇〇〇年代に近づくと「慰安婦」問題は実際の政治に影響をおよぼすようになります。一九九六年には国連人権委員会による「クマラスワミ報告」★16が、九八年には「マクドゥーガル報告」★17が出ます。これらの報告書は、「慰安婦」制度を「軍性奴隷制」として認め、被害者個々人の原状回復と、政府による賠償と公的謝罪を求める勧告でした。九九年になると、マイク・ホンダ★18議員らが動いてカリフォルニア州で「ヘイデン法」が施行。そして、二〇〇七年になるとアメリカの下院で、日本は「慰安婦」問題に対応せよという決議が出ます。

国際的な圧力が強くなってくると、「慰安婦」問題を否定する言説に対する逆張りも強くなっていきます。〇〇年前後の段階で、右派は「性奴隷」という言葉を非常に嫌うようになります。また、櫻井よしこらは、〇七年に「ワシントン・ポスト」へ有料意見広告を出し、「慰安婦」の強制連行を否定する主張を掲載しました。

安倍首相を含めた右派は、このころから「強制を示す証拠はない」として、河野談話の否定をはじめます。しかし、これは「すこしでも証拠がないなら、すべてがない」というゴールポストを動かす手法の議論です。

る報告書」の附属文書１「戦時における軍事的性奴隷制問題に関する朝鮮民主主義人民共和国、大韓民国および日本への訪問調査に基づく報告書」という勧告のこと。

★17…マクドゥーガル報告　国連人権委員会差別防止・少数者保護小委員会で採択されたゲイ・マクドゥーガル氏による報告書。クマラスワミ報告と同様に、附属文書で日本軍性奴隷制度について人権侵害・戦争犯罪についての日本の国家責任について言及した。

★18…マイク・ホンダ（1941-）アメリカの政治家。カリフォルニア生まれの日系アメリカ人。「慰安婦」に対する日本政府の謝罪要求決議を推進したことから、日本の右派から敵視される存在となった。

同時に、ここで見逃してはいけないのは、〇七年の下院決議を報じた読売が、本紙と英字紙（THE DAILY YOMIURI）の社説で同時に下院決議に対する反発を掲載したことです。それまで「慰安婦」問題にのらりくらりと取りくんできた読売が、真正面から歴史修正主義の肩を持ったことになります。

このあたりから、ネット右翼と呼ばれるような人たちが目立ちはじめ、急増していったのではないか、と僕は考えています。というのは、〇七年ごろは、日本の歴史修正主義運動についで大きな節目になっているように思えるからです。

右派論壇は「情報戦」という言葉をもちいて、戦争解釈をめぐる戦いを仕掛けはじめます。このころから「中国・反日のプロパガンダ」という言葉が広く共有されていき、一〇年代初頭の「歴史戦」につながっていくことになりました。すなわち、アクセスできる情報の資源が増える時期でもありました。★19

九〇年代サブカルチャーとポストモダン

安田　一九九〇年代にサブカルチャーとポストモダン★20のブームがおとずれます。一方で、政治を正面から語ることがかっこ悪いという風潮が生まれます。先ほど述べたように、政治について「まじめに対応する」ことや「ムキになって取りくむ」ことがダサいと言われるようになりました。論壇誌が衰退し、サブカル雑誌が勃興した。

そんな状況となるすこし前、韓国の風土や文化を扱った本がいくつも登場しました。

★19…能川元一「『歴史戦』の誕生と展開」『海を渡る「慰安婦」問題』岩波書店、二〇一六年を参照。

★20…ポストモダン　モダニズムの後に生まれた芸術文化の運動。モダニズムが合理主義、機能主義と結びついて、単純明快な要素からなっているのに対し、異質な要素の組みあわせ、過去の作品からの引用によって作品を作る。思想の領域のポスト構造主義とも言える。

★21…関川夏央（1949-）新潟県出身。ノンフィクション作家。日本と朝鮮半島、日本の近代、そして戦後日本をテーマに文筆活動を続ける。『海峡を越えたホームラン』（双葉文庫）で講談社ノンフィクション賞。日本近代をめぐる一連の仕事で司馬遼太郎賞、『昭和が明るかったたとえば、八四年に刊行された関川夏央[★21]の『ソウルの練習問題』（集英社文庫）。言葉を学び、街を歩き、現地の人びとと接する。暗くて怖い印象だった韓国の印象が、この本によって一変します。

もう一冊が、八七年に刊行されてブームになった『ディープ・コリア』（ナユタ出版会）です。幻の名盤解放同盟[★22]（根本敬[★23]、湯浅学[★24]、船橋英雄[★25]）による韓国旅行記なのですが、当時の僕にはたいへんショッキングな内容でした。

この二冊が出るまでの韓国は、一言でいえば日本人にとって「よくわからない国」でした。軍事政権による独裁体制がつづいていて、民衆がそれに反発している国という程度の認識です。民主化される前の話ですから。また、差別や偏見はありましたが、現在のような嫌韓意識は、それほど強くありません。

とくに『ディープ・コリア』のメッセージを要約すれば、「韓国って、めっちゃおもしろいぞ」。ポンチャクという昔ながらの大衆音楽。日本語混じりのハングル語で話しかけてくる市場のおばちゃん。韓国で訪ねるべき場所はソウルだけじゃないこと。

これまで日本では紹介されてこなかった韓国の情報が詰めこまれたこの本は、大ヒットします。当時の韓国旅行と言えば、男性団体の買春ツアーがほとんどでした。しかし、同書を読んで、個人旅行などで韓国を訪ねる人が激増しました。僕もその一人です。

この本は、多くの人びとからは名著と捉えられていました。情報が少ない時代に、韓国の真の姿を紹介した、と。

僕は図書館で『ディープ・コリア』を借りて、再読してみました。驚きました。自分

頃』（文春文庫）で講談社エッセイ賞を受賞。

★22…幻の名盤解放同盟　一九八二年から根本敬、湯浅学、船橋英雄によって結成された集団。「幻の名盤解放歌集」シリーズでは、おもに廃盤となった歌謡曲を集め、レコードアルバムとして販売した。また、『ディープ・コリア』関連などの書籍でも活動を展開する。

★23…根本敬（1958-）　東京都出身。漫画家。『月刊漫画ガロ』を支えた作家の一人。自身を「特殊漫画家」と称する。八〇〜九〇年代のサブカルチャーを牽引した人物。漫画単行本に『生きる 2010』（青林工藝舎）、著書に『因果鉄道の旅』（幻冬舎文庫）など。

はこのような内容の本に、当時は感動していたのかと……。こんな滑稽で遅れている国だと、日本人の上から目線で韓国を論じています。こんなに愛すべき人たちなんだとも言ってますが、さんざん馬鹿にしてからそんなことを言うのは、韓国の人たちにとって余計なお世話でしょう。

遅れているけれどおもしろい韓国という位置づけで、八〇年代から九〇年代には左派やリベラルの人びとまでもが支持していた本が、いまはネット右翼が展開するヘイトの資源になってしまっているわけです。このことは、いったい何を意味しているのでしょうか。

日本人が旧宗主国としての視点で、旧属国の遅れた国だと位置づけたうえで、韓国を語ったり、おもしろがったり、からかったりしていた。そのことを、左派もリベラルも、何の警戒心も持たずに受けいれていた。いま考えると、おそろしいことではありませんか。

倉橋　いまの安田さんの話のポイントは、八〇年代から九〇年代の韓国に関する言説がサブカルチャーとして流通したということだと思います。「別冊宝島」★26などのムックが流行ってきたのが、ちょうど八〇年代の後半のことでした。

八八年にソウル・オリンピックが開催されます。韓国は、この大会で世界に民主化と経済復興をアピールすることが至上命題でした。また、八〇年モスクワ・オリンピックでは西側諸国が、八四年ロサンゼルス・オリンピックでは東側諸国がボイコットしていたので、双方が揃ったオリンピックという意味でも注目されていました。僕もかすかに

★24…湯浅学（1957-）神奈川県出身。音楽評論家。幻の名盤解放同盟のメンバー。多様なジャンル、かつディープな音楽の評論を得意とする。バンド「湯浅湾」のリーダー。著書に『音楽を迎えにゆく』（河出書房新社）、『ボブ・ディラン』（岩波新書）など。

★25…船橋英雄（1957-）東京都出身。デザイナー。幻の名盤解放同盟のメンバー。著書に『楽しすぎるタイ旅行』（イマジン）、共著に『バリの空の下、人は流れる』（水声社）など。

★26…「別冊宝島」宝島社が刊行するムックのシリーズ。一九七六年に刊行開始。ノンジャンルでひとつのテーマを深掘りする内容のものが多い。別シリーズの「別冊宝島 Real」は、部落や同和、フェミニズム、ア

覚えていますが、大会は日本でも盛りあがったような気がします。鈴木大地が水泳で活躍したり……。

とはいえ、同じ時期には日本人による韓国でのキーセン観光[27]や買春旅行が、フェミニズムから批判されはじめました。その後、韓国への個人旅行がブームになったのは、安田さんが語ったとおりです。

多くのムックに見られるような、知識を安直に手に入れるためのツールが増えていったのも、九〇年代の特色だと思います。すでに述べましたが、小林よしのりも『戦争論』の巻末で参考文献を載せたうえで、最後に「以上、ナナメ読み、ひろい読み、ツマミ読みを含む、試験前の一夜漬け、ヤマ当て読書の要領で」と書きくわえています。

この「試験前の一夜漬け」という言葉が象徴していますが、九〇年代は知識を安直に手に入れるためのツールが大量に提供され、それで得た薄っぺらい知識とサブカルチャーが融合し、歴史修正主義的な言説が主流のものとは一線を画していて、かつ斜に構えてものを見る雰囲気がかっこいいという風潮が醸しだされた……。

くわえて、何を言っているのかわからないけれどカッコいいものとして、ポストモダンやニューアカデミズムが持てはやされました。これらも学問の領域であるとはいえ、サブカルチャーに隣接したものであるように僕には見えます。

安田　九〇年代のニューアカデミズムと言えば、浅田彰[28]や中沢新一[29]が思いうかびます。彼らが登場するのは総合誌ではなく、たしかに「週刊ＳＰＡ！」などのサブカル雑誌が多かった。

ウトローなど社会のタブー視されている対象を取りあげているが、ネット右翼的な論調のものも刊行されている。

★27…キーセン観光　九〇年くらいまでの日本人男性による韓国買春ツアーのこと。

★28…浅田彰（1957-）　批評家。京都造形芸術大学大学院芸術研究科教授。専攻は、批評、思想史、現代思想。一九八三年に発表した『構造と力』（勁草書房）と翌年の『逃走論』（ちくま文庫）でニューアカデミズムのブームを生む。

★29…中沢新一（1950-）　山梨県出身。宗教人類学者。明治大学野生の科学研究所所長。一九八三年、『チベットのモーツァルト』（せりか書房）の刊行を機にニューアカデミズムの寵児

倉橋　ポストモダンやニューアカデミズムが学問の領域を越えて、サブカルチャーの一種として発信され、消費されていったのはたしかだと言えます。

　僕の本ではあまり触れられなかったし、意図的に触れなかったものがポストモダン論でした。僕の大学入学は二〇〇〇年ですので、まだポストモダン論は十分に流行っていて、その領域の言葉が大量に流布していました。

　サブカルチャーを批評する言葉などは、まさにポストモダン論の花形だったのではないでしょうか。大塚英志や東浩紀[★30]などはその時代の中心的な言説をリードしていたように思いますし、僕も彼らの本を読みました。

　しかし、僕の本では「あの時代に流行った言葉」で九〇年代を説明することは、あまり得策ではないように思いました。というのも、そうした大文字の概念で演繹的に分析することは、その概念からこぼれ落ちる事象を見逃してしまうような気がしたからです。ですから、なるべく帰納の方法をもちいた結果として、当時流行った「サブカルチャー」などの言葉がどういう感じで使われたのかな、という問いの立て方で分析しました。

　でも、十分にできたとは思っておらず、課題が残ります。

ムック、オカルト、そして政治へ

倉橋　東京大学の大学院生である清原悠[★31]が論文で書いていたことなのですが、ヘイト本はムックとして刊行されることが多いのですね[★32]。

となった。著書に『はじまりのレーニン』（岩波現代文庫）、『アースダイバー』（講談社）など。

★30…東浩紀（1971-）　東京都出身。批評家。二〇〇二年から一三年まで大学教育に関わってきたが、以降は株式会社ゲンロンの代表取締役社長としてイベントを主催し、書籍の刊行をおこなう。著書に『ゲーム的リアリズムの誕生』（講談社現代新書）、『一般意志２・０』（講談社文庫）など。

★31…清原悠　東京大学大学院学際情報学府博士後期課程。専門は社会情報学。

★32…清原悠「『ヘイト本』のメディア論」『唯物論研究年誌第22号』、二〇一七年を参照。

たとえば、いまとなっては代表的ヘイト本となった山野車輪[★33]の『マンガ嫌韓流』(晋遊舎)は「晋遊舎ムック」というシリーズから出ています。ムックは、定期刊行物(雑誌)を発行している出版社が取得できる雑誌コードに定められた「ムックコード」を使って発行するほか、書籍用のISBNをもちいて発行、あるいは両者の併用が可能となる書籍形態です。

一九八〇年代後半からムックの刊行が増え、出版業界が右肩下がりになっていく九〇年代後半に刊行点数が伸びていく傾向があります。現在、宝島社は年間に四〇〇点以上のムックを刊行しています。第二位が晋遊舎です(以上、清原悠「『ヘイト本』のメディア論」より)。

ムックが増えた理由のひとつは、同論文によると返本の期限が雑誌よりも長い、もしくは期限がないからだと言います。つまり、長い期間にわたって書店の棚に並ぶということになります。シリーズとしてバックナンバーを置いてもらえることもあるそうです。さらには、書籍では不可能な広告収入も得られる点がムックの利点となります。

他にも「ジャパニズム」[★34](青林堂)や「撃論」[★35](オークラ出版)といったヘイト本のシリーズがムックで出ています。

サブカルチャーを牽引し、書籍と雑誌のいいとこ取りをしたムックというものが脈々とつづいた結果、現在のヘイト本にたどりついたというのが清原の結論なんですね。

このようにムックを中心とするサブカルチャーの流れと、政治の流れとが合流していくのが、八〇年代後半から九〇年代の特徴であり、重要な部分でもあると僕は考えてい

★33…山野車輪(1971-) 漫画家。二〇〇五年の『マンガ嫌韓流』(晋遊舎ムック)を皮切りに、ネット右翼的な作品を出し続けている。漫画単行本に『漫画嫌中国流』(晋遊舎ムック)、共著に『余命三年時事漫画』(余命プロジェクトチーム作、青林堂)など。

★34…「ジャパニズム」 青林堂の隔月刊誌。二〇一一年創刊。ネット右翼の読者をターゲットにしており、内容は政治からサブカルチャーまでと幅広い。

★35…「撃論」 オークラ出版の隔月刊ムック。二〇〇六年に『撃論ムック』で創刊し不定期刊行、一一年からは誌名を『撃論』に変えて隔月刊に。内容は保守的な編集方針で、表紙は「WiLL」を模したものであった。一四年に廃刊。

ます。

架空の戦記がもっとも盛りあがったのは八〇〜九〇年代ですし、ミリタリー系の漫画が青年誌に連載されはじめるのも同じころです。「架空戦記」は「ｉｆ戦記」「バーチャル戦記」などとも呼ばれる小説群で、実際に実行されていなかった作戦などがおこなわれたらどうだったか、というような意匠で執筆されているようなものを指します。

僕はくわしくないのですが、檜山良昭[★36]の『日本本土決戦』（カッパ・ノベルス、一九八一年）の本土決戦三部作がその嚆矢として位置づけられています。他にも、荒巻義雄[★37]の『紺碧の艦隊』『旭日の艦隊』（艦隊シリーズ、徳間書店）が有名です。漫画ですと、コンビニルートのみで販売されている『実録　神風特別攻撃隊　完全版』（竹書房、二〇一〇年）のような特攻マンガをはじめ、これまでにもかわぐちかいじ[★38]のマンガのようなものはたくさん作られてきました。

ただし、これらが政治と直結したかといえば、そうとは言いきれません。

また、くわしくは触れませんが、村上和雄[★39]が提唱する「サムシング・グレート」という言葉が、日本会議の日本教育再生機構機関誌「教育再生」の二〇〇八年六月号に引用されていたりします。

公民の教科書である『中学社会　新しいみんなの公民』（育鵬社、二〇一二年）では、村上の『生命のバカ力』（講談社＋α新書、二〇〇三年）からの引用として、「遺伝子の世界と『サムシング・グレート』」というコラムが掲載されています。

村上によれば、以下が「サムシング・グレート」であると言う。すなわち、「想像を

★36…檜山良昭（1943-）　茨城県出身。小説家。『日本本土決戦』をもって「架空戦記」を世に広めた。著書に『大逆転！』シリーズ（カッパ・ノベルス）、「大戦略」シリーズ（カドカワノベルズ）など。

★37…荒巻義雄（1933-）　北海道出身。小説家。『紺碧の艦隊』（全二二巻、徳間文庫）でブームを起こした「架空戦記」の第一人者。著書に要塞シリーズ（中公文庫）、猿飛佐助シリーズ（カドカワノベルズ）など。

★38…かわぐちかいじ（1948-）　広島県出身。漫画家。『沈黙の艦隊』（全一六巻）をはじめとする「架空戦記」漫画でヒット作を多く生みだした。著書に『アクター』（全九巻）、『ジパング』（全二二巻、以上は講談社漫画文庫）など。

絶する極地の空間に、遺伝子暗号が整然と書き込まれている事実であること」に気づき、その遺伝子は「単に書き込まれているだけでなく、整然と一分一秒の休みもなく働いて」いる。それは「人間を越える大自然の不思議な力のお陰としか考えられ」ない。そうした「偉大な存在や働き」を村上は「サムシング・グレート」と呼んでいます（以上、引用は村上和雄「サムシング・グレート」と人間の欲望」、「正論」一九九八年一〇号、三三頁より）。

もともとオカルト雑誌の「ムー」★40（学習研究社）で使われだした言葉で、「ムー」のムックで『天地創造の謎とサムシング・グレート』（学習研究社、二〇〇九年）というタイトルのものが刊行されています。つまり、オカルト的な心性と日本会議や教科書がつながっているということは、オカルトと政治がつながっていることをも意味しています。

さかのぼってみると、八〇～九〇年代のオカルト雑誌、たとえば「トワイライトゾーン」（ワールドフォトプレス）や前述の「ムー」は、はオウム真理教とつながっていたりもします。いずれも八〇年代半ばに麻原彰晃の空中浮遊写真を掲載して話題になりました。

こうやってオカルトと政治のつながりの源流を追っていくと、中沢新一らのニューアカデミズム★41にも突きあたります。そのへんを認識はしているのですが、時間がなくて追いきれていないのが実情です。今後の課題とさせてください。

★39…村上和雄（1936-） 奈良県出身。分子生物学者。筑波大学名誉教授。近年は、著書などで「サムシング・グレート」への理解を提唱している。著書に『こころと遺伝子』（実業之日本社）、『科学者の責任』（PHP研究所）など。

★40…「ムー」 学研プラスの月刊誌。一九七九年に学習研究社より創刊。内容はオカルトが中心で、UFOから陰謀論までさまざまな対象を扱う。

★41…ニューアカデミズム 一九八〇年代の初めに盛りあがった思想の潮流。「ニューアカ」とも言う。主に人文科学・社会科学の分野で流行し、その中心には浅田彰や中沢新一、柄谷行人、栗本慎一郎らがいた。

右派の粗製濫造に左派がついていけない

安田　先ほど、一九九〇年代に起きた「つくる会」ら右派勢力の盛りあがりに対して、なぜ左派による逆張りが起きなかったのか、という話になりました。考えてみれば、まともに取材もせず、内容の確認もせず、低コストで大量に刷るのがいわゆる〝ヘイト本〟の流儀です。それも不定期で、次々に出してくる。

いわば粗製濫造されたヘイト本に対して、左派は何ができたのか。何もできませんでした。取材や調査を重ね、何度も校閲をおこない、一冊二〇〇〇円から三〇〇〇円の本を作り、地道に売るのが常でした。そんな本が、一〇〇〇円前後で粗製濫造されるムックに対抗できるわけがありません。

乱暴な言い方になりますが、いま考えてみれば、左派も粗製濫造したほうがよかったと僕は思っています。右派に対抗するために。プライドが邪魔したのか、意地が邪魔したのかは不明ですが、左派はけっしてそうしなかった。

倉橋　おっしゃるとおり、自らの主張をどれだけ広く届けられるか、という物量の面で、左派は圧倒的に右派に負けていましたし、いまも負けています。本の現物だけではなく、広告の面でも右派が勝っています。

たとえば、電車の中吊り広告や新聞の広告欄を見ると、右派の雑誌広告が目につきます。違う雑誌の広告なのに、似たような見出しが並んでいることなど、ざらにあります。こうしたことを、左派はやってこなかったし、いまもやっていません。

最近はインターネットに広告を打つのが主流になっていますが、歴史修正主義系の本は運用型広告で出てきます。つまり、僕がネットで歴史修正主義に関する文献を検索していると、歴史修正主義系の本の広告が勝手にあらわれるのです。

電通が発表している「二〇一七年　日本の広告費」を見ると、インターネット関連の広告が二三・六％で、うち運用型広告が七七％もあります。運用型広告というのは、クリックした履歴に応じて自動的に出てくる広告のことです。

ようは、歴史修正主義の本やヘイトの本を出している出版社が広告会社に発注し、運用型広告を出すように依頼しているのですね。一方、左派系の本は、いっさい出てきません。「これはヤバい」と思って、僕の本の版元である青弓社に連絡してみたら、運用型広告は出していないと言います。

以上のように、物量作戦という面から見ると、左派は右派にまったく追いついてきませんでしたし、いまも追いついていないのが実情だと言えます。結果として、読み手が言説に接触する機会の多さ、すなわちアクセシビリティという面から見ても、左派は右派に大きく水をあけられています。

安田　先日、必要に迫られて、桜井誠の Kindle 本を買ってしまいました。もとは Kindle など導入していなかったのですが、その文献が Kindle でしか出ていないので、仕方なく導入したのです。

購入したのは桜井の『ネトウヨ　アメリカへ行く』。これは現代の奇書と言ってもいいような内容でした。彼がアメリカのワシントンに行って、ファシスト政党の党首と交流して、左翼の女性も呼んで食事をするという、中身の薄い単なる旅行記です。

　どうでもよいことが書かれているこの本ですが、僕が買ったときには Amazon の「Kindle 本」の「政治」というカテゴリーで第一位となっていました。それなりに売れているということです。売れているならば、彼にもそれなりの金額が入っていることになります。

　他方、左派とかリベラルと言われている人が、桜井と同じようなことをやるわけがありません。私的な旅行記のようなものを平気で世に出せるほど、面の皮が厚い人などめったにいないでしょう。また、出したからといって、売れるかどうかもわからない。これまで出してこなかったのですから。

　ようは、粗製濫造によって資金を得られるようなマーケットを、いまも確実に右派は確保しているということです。

不買運動はありなのか

倉橋　粗製濫造で作った右派の本が売られているという現状を見て、メディアの責任について安田さんはどう考えますか。
安田　お手軽に差別を助長させたという点で、出版社にとって自殺行為にも等しい。しかし、もはや気取っている場合ではないし、格好をつけている場合でもないと思っています。先ほど言ったように、いまからでも左派が粗製濫造してかまわない。ちょっと言いすぎかもしれませんが。ようは、僕らも右派がやっているように、わかりやすい言葉でどんどん本を出していく、発信していく必要があるのではないか、と考えています。

左派やリベラルの書き手は、「三〇〇〇円くらいの自分の本が図書館に置かれればいいや」、みたいな考えの人がたくさんいます。僕らの世代、あるいはそれ以上の歳の書き手は、そうした考えを持つ人が少なくない。彼らは「わかる人にはわかる」と言います。でも、そんなことを言っているうちに、左派やリベラルのマーケットは死に体になっていき、そのうち滅びてしまいます。

もうひとつ言えば、メディアは右派系の言説に対して、もっと真剣に怒り、真剣に対応しなければなりません。しかし、いまだに大手メディアは、ムキになって応戦することを躊躇しています。

倉橋　学術に関わる者は、マジになってもいいけれど、ムキになってはいけません。出版社に注文したいことはあります。もっとちゃんとしたタイトルを学術本につけてほしい。せっかく歴史修正主義に抗う内容の本であっても、そのことがタイトルではわからなくなってしまうケースが多々あります。たとえば、『マンガ嫌韓流』に対抗するために作られた学術書のタイトルが『日韓 新たな始まりのための20章』（田中宏ほか編、岩波書店、二〇〇七年）です。タイトルを読んでも、内容がまったくわかりません。

もう一点は、不買運動の呼びかけです。物量作戦で可視化されることによって、儲けている人がいる。先ほどの桜井誠の Kindle 本もそうですし、杉田水脈の論考を載せる「新潮45」もそうです。儲けているから言説が広まり、マーケットが成立しているのなら、儲からないようにすればいい。もちろんこれがある程度ナイーブな方法だとはわかっています。

不買運動によってメディアや書き手に圧力をかける。読者のメディアのコミュニケーションを遮断することによって、歴史修正主義、ヘイト、差別、排除などを加速させるような言説をも遮断する。

だって、考えてみてください。たとえば、杉田議員に「ああいう内容のものは、書かないでください」とお願いしても、それを彼女が受けいれるとは思えません。彼女の場合は、自民党が彼女の責任を追及し、彼女を辞めさせるなどの対処をすべきでしょう。

不買運動と言っても、消費者がただただ「買わない」ことを実践するだけではなく、企業レベルでは広告の出稿停止などというかたちで抗うことが可能です。「保守速報」[★42]という右派系ネットニュースのサイトに対して、エプソンが広告の出稿を取りやめた一件が事例となります。

「保守速報」がヘイトスピーチ、「嫌韓・嫌中」の温床となり、裁判に追いこまれ、運営費が広告収入になっているという指摘が、「ヘイトスピーチを許さない社会的責任と御社の製品のブランドイメージを守るためにも、ご検討なにとぞ、よろしくお願い致します」というメッセージと共に記されていた（BuzzFeedNews、二〇一八年六月一二日付）というものでした。

そもそもエプソンは、「コミュニケーション活動」において、「公序良俗の遵守や中立性の維持はもとより、性別、年齢、国籍、民族、人種、宗教、社会的立場などによる差

★42…「保守速報」「2ちゃんねる」の保守的政治情報をまとめるサイト（キュレーション・サイト）のひとつ。二〇一七年、ライターの李信恵が差別的書きこみによる損害賠償を求めて訴訟を起こされると同時に、エプソンによる広告停止で話題になった。

別的な言動や表現を排除し、常に個人を尊重するとともに、文化の多様性を尊重して、世界の人びとから信頼されるコミュニケーション活動を行っています」という指針を発表している企業であったため、すばやく対応したと考えられます（エプソンの公式ホームページより）。

エプソンの場合は、自分が好んで使っている商品を販売している会社が、差別や排除を平気でおこなうような媒体とつながっていることに疑問を抱いた一人の消費者が、エプソンに一通のメールを書いたことによって始まりました。

安田　まったく同感です。エプソンが広告の出稿を取りやめた直後には、「共産主義者の陰謀」などと騒いでいる輩がいました。しかし、これこそ正しい資本主義の姿でしょう。

そういえば、新潮社の中瀬ゆかり★43が、「新潮45」が杉田議員の論考を掲載したことについて、二〇一八年八月三日のフジテレビ「とくダネ！」でこう語っていました。

「杉田議員の発言を批判すること」と「それを載せた雑誌を問題視すること」とは「ぜんぜん筋違い」の話で、「雑誌とはもともと雑多な意見をいろいろ載せて、議論の場として」活用するものだと述べていました。そして、今回のように雑誌を批判することは、昭和初期に雑誌が叩かれた「いつか来た道」をほうふつさせるようなもので、雑誌に対して「載せるべきではない」などと言うのはちょっと違うと思う、などと言っています。

杉田議員の論考は批判されるべきものだが、それを掲載した「新潮45」が責められる

★43…中瀬ゆかり（1964-）和歌山県出身。編集者。「新潮45」編集長、「週刊新潮」部長職編集委員などを経て、新潮社出版部長。

理由はない、と言っているわけです。これは詭弁ですね。杉田議員の論考と、それが掲載・発売されるまでのあいだには、かならず編集という作業が入っています。編集の段階で「批判されるべきもの」は不掲載にするのが当然であり、それを掲載してしまったのですから雑誌の責任は免れません。

考えてみれば、杉田議員の発言を掲載することによって、「いつか来た道」への回帰を進めているのは「新潮45」を批判する人びとではなく、「新潮45」自身ではありませんか。

第七章
差別はネットとともに進化する

保守、右翼、ネット右翼

安田　ここで保守と右翼、そしてネット右翼とは何なのかを、整理しておきましょう。

保守については第二章の冒頭で述べました。繰りかえしになりますが、保守とは「たたずまいを示すもの」だと僕は思っています。歴史や伝統を重んじ、急進的な変革を望まない。培われてきた歴史や風雪に耐えぬいてきた歴史と伝統に身を任せれば、物事がうまくいく。あるがままのものを受けいれる。人間の理性をあまり信用しない。こうした極めて穏健な考えや振るまいを僕は保守だと考えています。

他方、革新や左翼、リベラルと呼ばれる人たちは、人間の理性や知恵を信じて、人間を主体として、より生きやすい社会のあり方を考える。これは改良主義とか設計主義と呼ばれるもの。

となれば、保守を掲げながら街頭でデモをすることなど、考えられません。なぜか。保守は、かまえて待たなければいなければならないからです。歴史や時間に身を任せるのに、変革を求めて主体的に活動することなど、本来ならありえません。

こうした保守というたたずまいに関して、それをひとつの生き方や考え方としてぶれずにまっとうするのなら、それは「あり」だと僕は思っています。僕自身は、保守と同調する気はまったくありません。人間の知恵と理性を信じているので。何か足りない部分があれば、そこは歴史と伝統に身を任せるのではなく、知恵や理性で乗りこえていきたいと考えています。

知恵と理性は、実際に社会を変えてきたとも思います。たとえば、体力の差がある男性と女性の格差は、それらがなければ一向に縮まらなかったことでしょう。

右翼とは、保守というたたずまいに思想性を加味したものだと言えます。ネット右翼については、すこし説明が必要です。これまで僕は、ネット右翼は右翼ではない、と言ってきました。その考えはいまでも持っていますが、現状を見るかぎりでは、ネット右翼と右翼の差異はそれほど感じません。

倉橋　自然にできあがってきた秩序を尊重し、急進的な社会の変革を望まない立場が保守だと僕は考えています。保守の反対側にいるのが革新です。革新は、理性や知恵を重んじる、つまり主知主義[★1]であることがその特徴だと言えます。

僕自身は、保守の立場はとりません。急進的な革新ではありませんが、学問がこれまで築いてきた思想は信じています。時どき学生に聞かれます。「倉橋さんはなぜ哲学とか社会学とか勉強しているのか。何の役に立つのか」と。たしかに、それを学んだからといって機械が作れるわけでもないし、コンピュータのプログラムが組めるわけでもない。

でも、人びとは長い時間をかけて思想を築いてきた。だからこそ、たとえば「自由」という考え方が多くの人に伝わることになったのだと思います。近年の事例で言えば、安田さんが述べたように、女性の社会進出が可能になってきたのも、フェミニズムが蓄積してきた知恵や理想、すなわち思想と呼ばれるものが社会に受けいれられたからでしょう。

★1…主知主義　人間の意志、感性、感情よりも、知性や理性を重視する哲学的な立場。

ただし、保守の立場の人たちがいないと困る部分もあります。社会の出来事を、どこからか冷静な眼で見守るような人は必要なのですね。

右翼とは何か。保守の立場で、なおかつ自国中心の思想、すなわち愛国主義を信奉するような考え方を、僕は右翼だと考えています。日本の場合は、天皇を中心にしたうえでの自国中心主義、あるいは自国に対する認可主体だという強い意志を持つような考えとも言えます。

ネット右翼については評価がむずかしく、暫定的なものとして言えるのは、愛国主義的で歴史修正主義的、排外主義的な発言を意図的にネットなどで繰りかえしている人たちを総称して、そう呼んでいます。

右翼の頭に「ネット」がつくわけですが、この「ネット」の意味については、おもに「インターネットで発言をしている人」と「インターネットで知った人」が含まれると考えてください。そしてそこには、「リアルに発言する人」も含まれます。

くわえて、「本来あるべき保守や右翼の文脈をぶった切り、ネットのうえだけで自己循環的に言説を組みたててしまうような人たち」もネット右翼と言えます。こういう人たちを僕は「雑なネトウヨ」と呼んでいます。

ネット右翼の大きな特徴は、天皇を崇拝していないのに愛国主義的で歴史修正主義的、排外主義的な発言をしたり、単に嫌いなものを「サヨク」とか「パヨク」と言って罵る、つまり一貫性のない発言を繰りかえすような部分に見られるでしょう。

安田　倉橋さんが指摘したように、日本の右翼を支える中心的な思想は天皇主義です。

そして、天皇を中心とした社会を築くための国体です[★2]。いまの右翼を見ていると、どこまで天皇や国体を重んじているのか疑問に思うこともあります。

ネット右翼に関しては、愛国主義的で歴史修正主義的、排外主義的という、倉橋さんがあげた特徴に僕も同意します。とはいえ、彼らと既存の右翼のどこが違うのかと問われると、答えに窮する部分もあります。ようは、両者は最近、似てきていると思うわけです。いや、排他的であるという点では共通している。

「雑なネトウヨ」とは

倉橋　「雑なネトウヨ」について、説明をくわえます。

第一に、一九九六年以降の「つくる会」や右派が広めた歴史修正主義的な言説がデフォルトになっているような土壌のなかで、いまの一〇代や二〇代の若者は育ってきたということ。僕がいま教えている大学生は、まさにその世代です。当然、「つくる会」のことなど知りませんし、大臣クラスの政治家が平気で歴史修正主義的な発言をする理由など知りません。また、彼らのなかには、ネットで情報を得て、そのままネット右翼になっていくような人が、少ない数とはいえ存在します。教員の実感としては、三〇〇人の教室に一人くらいはいるというような印象です。

第二に、時どきこういうケースを耳にします。ある人が実家に帰り、父親のパソコンのブラウザにあるブックマークを見たら、「保守速報」のようなネット右翼のページが

★2…国体　統治の中心に天皇を置き、世界における日本の優位性を示す言葉。もとは幕末に水戸学が尊皇攘夷を唱えた際に生まれた言葉だが、正確な意味や内容はあいまいである。

並んでいた……。つまり、会社を引退した父親がネットとふれあう時間が増え、知らなかった真の歴史を「発見」して、ネット右翼になってしまった、という話です。そういう人たちは、九六年以降に歴史修正主義が築いてきたある種の史観みたいなものを、まったく知らないわけです。右翼とは何ぞや、といった部分に関する深い理解や思想があるわけでもない。それでいて、ネットで得た断片的な情報を都合よくつなぎ合わせて、歴史修正主義的、排外主義的な情報を発信する。

これが「雑なネトウヨ」です。杉田議員もこの範疇に含まれるでしょう。

おもしろい調査結果があります。遠藤晶久★3が「政党を右から左に並べてみてください」という調査を実施しました。★4右から左は、右派から左派を意味します。図2のとおり、四〇歳以下の人の場合、もっとも多くの人から一番左だと言われたのは日本維新の会でした。一番右が公明党。自民党は公明党の次に右寄り。共産党は、ほぼ真ん中の中道になります。自分らの利益を最優先にしている政党は右寄り、「改革」とか「維新」といった変化を促すようなワードを使っている政党は左寄りに見えるということなんですね。この調査を見るかぎり、これまで考えられてきた右派・左派という括りの意味が、年長世代と四〇歳以下の世代とでは共有できていないことがわかります。

同じような質問を大学の教室でやってみても、似たような結果が出ます。というか、政党の左右配置がもっとランダムになります。評価の対象を政党から新聞社の論調に変えてみても、同様の結果になりがちです。

何が右派で何が左派なのか。よい悪いの問題は抜きにしても、そのことを理解してい

★3…遠藤晶久　早稲田大学社会科学総合学術院准教授。専門は政治学。共著書に『日本政治の第一歩』(有斐閣)など。

★4…「知識はなくてもいい、失敗してもいい」「Journalism」二〇一六年六月号、朝日新聞社を参照。

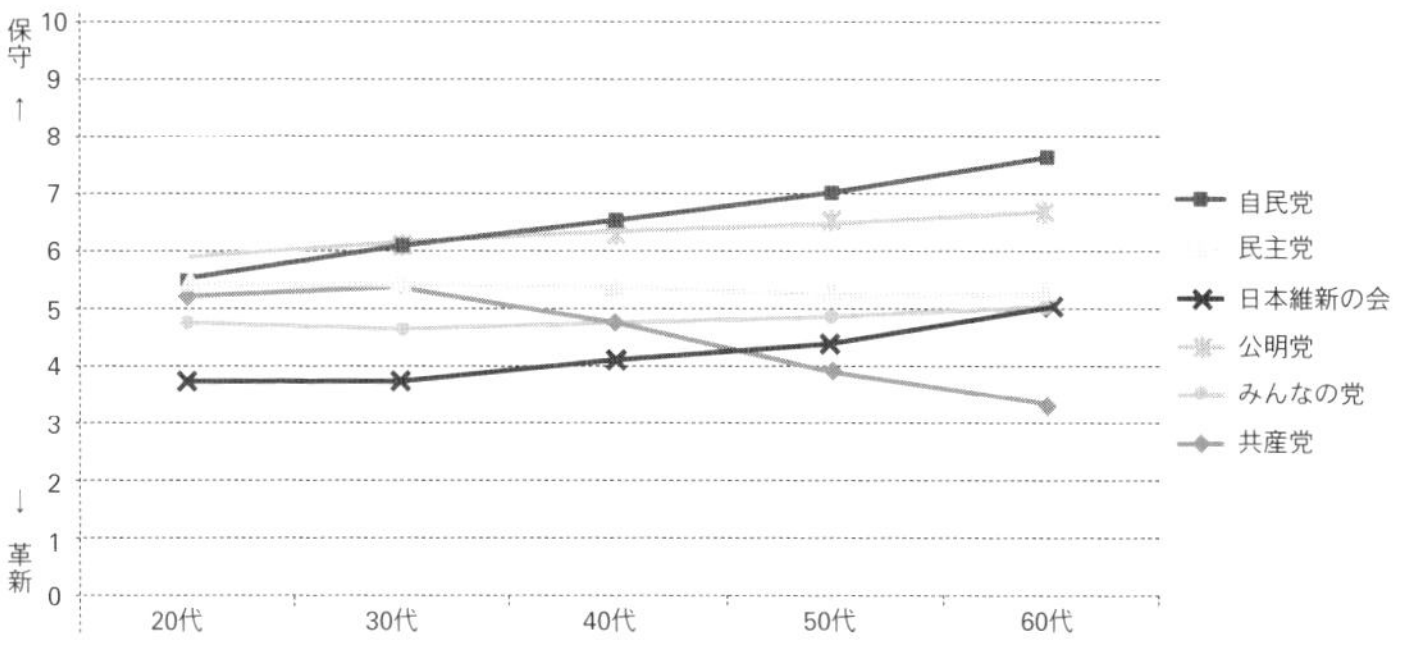

図2　各党のイデオロギー上の位置づけ

ない人が数多くいるという事実を、私たちは忘れてはいけないと思っています。

安田　左派は秩序を築き、その秩序を右派が解体する。そうした回路に乗っかった右翼やネット右翼の人とさんざん会ってきました。

旧在特会が街頭デモをやるときに、共産党機関紙「赤旗」の紙面を大きく引きのばし、ツールとして使っているような光景は、珍しいものではありませんでした。日本共産党に見られるような民族主義的民主主義のようなものを、彼らは評価しているところがありました。領土問題について、もっともはっきり物を言っているのは日本共産党である。共産主義はよくないが、共産党の言っていることはよい、という評価なんですね。

いま保守が新しい。共産党や社民党、立憲民主党は秩序を守る側に見えて、自民党や維新の会は秩序を変える側に見える——。取材をしていると、そんなふうに考えている人が意外に多いことを、僕も感じます。

「日本が好きな普通の日本人と自己紹介する人は、たいがいネトウヨ」。僕は、いつもそう語っています。「普通の日本人」という物言いに、強いナショナリズムを感じます。ぜんぜん「普通」じゃない人が多いから。

天皇を左翼呼ばわりする人も、ネット右翼のなかにはいます。天皇が埼玉県日高市の高麗神社に参拝した際[★5]のことです。ネットには天皇を「反日」扱いするような書きこみがあいつぎました。

倉橋 まともな近現代史も知らず、ネットの情報によって得られた知にもとづき、天皇を非難するということは、従来の右翼から見れば、あきらかに「不敬」と言えますね。

安田 皇室に関する知識がなく、皇室に対する崇敬みたいなものがないネット右翼がいる、ということです。

ちょっと話がずれるかもしれませんが、有名な話をいくつか紹介します。有名なネット右翼がレストランに入り、そこで出されたミートローフを、彼は犬の肉だと言いだしました。韓国料理屋では、犬肉料理を出すところはあるものの、そのレストランは洋食屋です。なぜ彼がそんなことを言いだしたのかというと、店の名前が「パトラッシュ」であり、その店名がミートローフを盛った皿に書いてあったからだというのです。

また、ラーメンを撮影して、「ソウルフード」というコメントを添えてツイートした人に対し、ラーメンは日本の食文化であって韓国料理ではない、と厳重に注意したネット右翼がいました。ソウルフードの意味を、韓国の首都ソウルの食べ物と勘違いしたのですね。笑える話ではありますが、少し怖くなった。こうした無知と無理解は容易に差

★5…天皇が埼玉県日高市の高麗神社に参拝した　二〇一七年九月二〇日付の毎日新聞（ウェブ版）に「天皇、皇后両陛下は二〇日、埼玉県日高市の高麗（こま）神社を参詣された」とある。

★6…はすみとしこ　漫画家。保守的・右翼的な風刺漫画を執筆。著書に『そうだ難民しよう！』、『それでも反日してみたい』（以上は青林堂）など。

別と結びつきます。

倉橋　ネット右翼漫画家のはすみとしこも、二〇一八年八月四日に「保守を英語にすると、メンテナンスが相当すると思います」とツイートして話題になりましたね。[★6]

ネットの変質について

倉橋　ばるぼら[★7]というライターが『教科書には載らないニッポンのインターネットの歴史教科書』（翔泳社）という本を書いたのが二〇〇五年。この本には、政治的な言論空間のようなものは紹介されておらず、おもに一九九〇年代後半までに盛りあがったネットカルチャーが中心に書かれています。

他方、二〇一七年になると、ばるぼらはさやわか[★8]というライターとの共著で『僕たちのインターネット史』（亜紀書房）という本を出します。この本は、八〇年代が第一章、九〇年代が第二章、〇〇年代が第三章、一〇年代が第四章という作りなのですが、第三章の中盤からネット右翼・右傾化の話が登場します。

つまり、最初の本を書いた二〇〇五年の時点でのネット右翼は、ぼるぼらが本で取りあげる必要を感じない程度のものだったのでしょう。あるいは、現象としてまとめられるほどの材料が整わなかったのかもしれません。ですが、おもしろいことに、「ネット右翼」という言葉が初めて新聞で使われたのが〇五年のことでした。

インターネットの特徴を簡単に振りかえると、一九九〇年代はアンダーグラウンドで

★7…ばるぼら　経歴の詳細は不明。さやわかとの共著『僕たちのインターネット史』（亜紀書房）によれば、「ネットワーカー・古雑誌蒐集家・周辺文化研究家。インターネットおよび自主制作文化について執筆、調査・研究を行なう」とされている。著書に『教科書には載らないニッポンのインターネットの歴史教科書』（翔泳社）など。

★8…さやわか（1974-）　ライター、評論家、まんが原作者。映画、漫画、アニメ、小説、音楽、演劇、ネットなど、評論対象は幅広い。著書に『キャラの思考法』（青土社）、『文学の読み方』（星海社）など。

おこなわれており、比較的リベラルなノリがあったと思われます。初期のユーザーや技術者、ハッカーなどが新しい言論空間を作り、既存のものとは異なる新しい空間を作りあげていこうという話をしていました。それに「ワイアード」[★9]や「アスキー」[★10]に代表されるように、インターネットのことを雑誌で知るという、すなわち外部にアクセスするような言及形態だったことがかなりあった。それはやっぱり、通信状態の悪さもあったからでしょう。

当時はダイヤルアップで、接続する人はそんなに多くありませんでした。二〇〇〇年以降になると常時接続が広まっていって、インターネットの普及率が五〇%を越えます。そこで何が変わるかと言うと、それまでのインターネットはhtmlで書きこんでいたものが、誰でも簡単に書きこみができるアーキテクチャが登場していくことになる。

こうした技術的な利便性の改善にともなって、〇〇年以降になると、インターネットが本格的なコミュニケーション・プラットホームに変わっていくわけですね。2ちゃんねるやミクシー、ブログブームなどが、〇〇年代前半にぜんぶ固まっています。Facebookも〇八年ですね、日本上陸が。

そして、インターネットに言及する方法が変わってくる。インターネットのことはインターネットで知るという、自己言及型のコミュニケーション空間というものができてくる。そのことをあらわす代表的な言葉が「ググれカス」だと思うんですが。あるいは「おググりくださいませ」。つまり、ネットのなかのことはネットで知れ、という循環構造になっていったという側面が観察されます。

★9…「ワイアード」一九九三年にアメリカで創刊された雑誌。ネットやテクノロジーの記事に強いと言われる。日本版は創刊と休刊を繰りかえし、現在休刊中だが、二〇一八年内には再刊される予定。

★10…「アスキー」一九九七年にアスキーから創刊されたビジネス雑誌「週刊アスキー」は、同年中に休刊した。その後、月に二回発行のパソコン雑誌「EYE-COM」の誌名が変更され、「週刊アスキー」となった。二〇一五年には紙媒体から撤退（特別号を除く）し、電子版のみを発行。発行元は角川アスキー総合研究所。

さらにもうひとつ、大きな変化が一九九〇年代末から二〇〇〇年代にかけてあった。それは商業化です。ようするに広告メディアになっていったんですね。〇三年にグーグルが、グーグルアドセンスという検索連動型の広告を出しますが、〇九年になるとネット広告費が新聞広告費を抜きます。

ようするに、時代によって大きく変わったことは、インターネットがコミュニケーションをするメディアだけでなく、商業メディアになっていった、ということです。

もうひとつ重要なのは、「サイバースペース」のフロンティア・スピリッツがあったころは、法律の規制対象になっていなかったことです。〇〇年以降になるとプロバイダー責任法とか通信傍受法とか著作権法の一部が改正されたりするなど、インターネットが規制と管理の対象になっていきます。

ここでネット右翼が出てきた〇五年前後を考えましょう。みんなで参加して、みんなで話しあって、みんなで集合知を作り、それをみんなで共有していこう、という拙著で分析したような「九〇年代からあった動き」が継続・発展した結果として、ネット右翼なるものが生まれたのだと思うのです。

そうしたインターネットの特性は、ネット右翼だけに使われたのではありません。いままで文化を生産する側が牛耳っていたものに、文化を消費する側もコミットしていこうという機運が高まったのも、その特性によるものです。言いかえると、「文化消費者による評価」が重視され、かつ顕在化していくという変化が、この間に如実に起こったように感じます。

「新たな真実」とネットで出会う

安田　一九九五年にウインドウズ95が発売になり、ネットが大衆化していきます。当時、ネットが社会を変えるという連載記事を、僕は週刊誌で書きました。

発売当日の深夜〇時に秋葉原のソフマップに行くと、大勢の人が並び、メディアも騒乱状態。発売開始とともに打ちあげ花火があがりました。買いに来た人たちはウインドウズ95のパッケージを受けとり、その様子を写真に撮ったりインタビューして記事にしました。

当時の記事を読むと、新しい時代がやってくるのだと、僕はたいへん高揚しているのがわかります。これまで川上から川下へ一方的に流されていった情報が、双方向で交わされる。大手のメディアが独占して集め、発信していた情報を、一般の人びとも発信できるようになる。深い意味もわからないまま、そんな記事を書いていました。いま考えると赤面ものの内容ですが。

興味深いのは、立ち位置を問わず多くの人が、ウインドウズ95の登場に大きな期待を寄せていたことです。大手メディアが隠している情報や、社会の裏側でささやかれているような言説が、ネットによって表に出るのではないか、と思っていたのですね。

週刊誌の現場にいた僕が勝手に思っていたのは、新聞が「正規軍」だとすると、雑誌は「ゲリラ」というイメージです。ネットの情報は、「正規軍」に近づいていて権威化していた雑誌よりも、さらに「ゲリラ」化してくれるのではないか。「ゲリラ」が増えることは、「正規軍」が隠している情報がいまよりも表にさらされるのではないか。そのことは、社会にとってよいことなんだ。僕はネットの進化をポジティブに受けとめていた。つまり、ウインドウズ95が発売された当時の僕は、ネットが現在のようなものになるとはまったく思っていませんでした。

ネット右翼を批判しているからか、「安田はネットをダメなものだと決めつけている」と思っている人が多いようです。僕は、ネットがダメだとは思っていません。ネットによって得られる利益は、計りしれないものがあると思います。

ただし、ネットの情報には「あいだに人が介在しない」という大きな問題があります。新聞や雑誌、書籍であれば、書き手の原稿は編集者や校閲者を経由して社会に出ることになります。ところが、ネットの場合、思いつきで書いた裏づけのない原稿であっても、簡単にアップすることができてしまう。そうした検証不可能な情報を検証しないまま鵜呑みにして読む人が、その書きこみをＳＮＳなどで拡散してしまう。つまり、デマがネットを通じて広がっていく。

既存のメディアは、例外もあるけれど、基本的には慎重に言葉を選び、推敲し、校正したものを世に出す。そこに物足りなさを感じている人や情報の隠蔽があるのではないかと考える保守や右派の人にとって、ネットは新しい風となったことでしょう。足りない部分や隠蔽された部分を（推敲や校正なしのまま）知る機会が増えたのですから。

「マスコミ＝左翼」といった言説は、昔からありました。どうせメディアの人は左翼だから、と言う人もいました。少なくとも僕のまわりにいたメディア関係者は、右派でも左派でも権力のチェック機関であることを自覚して仕事をしていました。「権力のチェック機関＝左翼」という思いこみが保守や右派の人たちにはあったのでしょう。

いまやネットには、「検証された言説」から「個人的な思い」の発信まで、ありとあらゆる情報が出まわっています。どの情報を信じればよいのかという判断は、情報を読んだ個人に任されている。リテラシーのある人は眉につばをつけて読むところを、リテラシーのない人は素直に読んだりする。すると、どんなことがおこるのか。

たとえば、二〇一六年に福岡市内のデパートなど一四カ所で朝鮮人を非難するビラを貼って、逮捕された人がいました。取材をはじめると、実行したのは六〇歳を過ぎた男性でした。この男性は裁判において「ネットで真実を知った」と語っています。酒場で在日コリアンの話をまわりの人が話しているのを聞いたことで興味を持ち、自宅のパソコンで調べて朝鮮人の悪行の数々を知り、そのことを多くの人に伝えたいのでデパートにビラを貼ったのだと答えました。

男性にしてみれば、世の中のブラックボックスを開ける鍵として、在日コリアンによる日本支配といった新たな「真実」を見つけ、恐怖におののき、黙っていられなくなったわけです。かといって、その「真実」について確認したり検証したりする作業はおこなわない。結果として、ネットで流布されるデマを丸ごと信用して、犯行に至ったわけです。

ことほどさように、ネットには自分が欲しい情報があり、自分が納得するための情報があります。その情報が検証されているかいないかにかかわらず、その情報で自分が満足すればよいわけです。

フィルターバブルとネット右翼

倉橋　ネットで知りたい情報だけ知る。これを「フィルターバブル」と言います。二〇一一年にイーライ・パリサー[★11]というインターネット活動家が『閉じこもるインターネット』（井口耕二訳、早川書房、二〇一二年[★12]）で提起した問題です。

ネットにおいては検索エンジンのフィルター機能によって、自分に最適化された情報しか入手できなくなっている。自分が知りたい未知の情報や自分と相対する情報などが入手しづらくなることから、フィルターによって作られた「自分に最適化された情報」という泡のなかだけでネット空間を生きることを、パリサーはフィルターバブルと言ったのですね。

僕も安田さんと同じく、ウインドウズ95が出たころにはいまのような状況がおとずれるとは思っていませんでした。高揚し、未来を感じていたのかもしれません。しかし、よく考えてみれば、ネットで情報を得るということは、こちらから相手に自分の情報を提供したうえで、情報をダウンロードしていることになります。つまり、ネットにアクセスすればするほど、フィルターバブルによって得られる情報が限定されていきます。

一七年にイギリスの「ガーディアン」という新聞の web 記事で、インターネットの www（World Wide Web）という規格を作ったイギリスのティム・バーナーズ＝リー[★13]という研究者の最近のインタビューを見つけました。彼は一九九三年にその規格を世界に公開した人です。彼がインタビューで語っていたことの概要を要約すると次のよ

★11…イーライ・パリサー（1980-）アメリカのインターネット活動家。リベラル団体「MoveOn.org」の理事会長。ネットコミュニティ「Avaaz.org」の共同代表を務める。

★12…同書は、文庫版ではタイトルを『フィルターバブル』（ハヤカワ文庫、二〇一六年）に変更した。

★13…ティム・バーナーズ＝リー（1955-）イギリスのコンピュータ技術者。wwwの仕組みやURL、HTTP、HTMLなどを考案し、インターネットの基礎を築いた。

うになります。

政治的に作られているオンライン広告というものが、高度なプログラムを使って個人に届くような仕組みになっている。二〇一六年の米大統領選のときには、一日に五万種類以上の政治的なオンライン広告がFacebook上に出されました。もちろん、それらの広告のすべてを個々人が受けとるわけではありませんが。その広告が受けとる人に最適化されるべくプログラムされており、ある政治家のメッセージや主義主張が受けとる相手によって変わってしまう可能性をバーナーズ＝リーは危惧している。

バーナーズ＝リーの危惧を補完するようなウェブ上の記事が、「朝日新聞デジタル＆」の記事では「フェイクニュースは見破れない!?　身近にひそむ偽情報の罠」（二〇一七年一〇月二六日）として、「AFP」の記事では「怒りあおり米社会を分断、ロシアのFB『広告』戦略　データで浮き彫りに」（二〇一八年五月一一日）として、それぞれ掲載されました。両記事で示されたのは、以下の事実でした。

ブラクティビズム（ブラック＝黒人とアクティビズムを合わせた造語）というサイトがある。一日のページビューが五〇万を越える人気サイトなのですが、これを管理・運営しているのがロシア系の企業だった。保守系の読者に対しては、アフリカ系アメリカ人とイスラム教徒を結びつけて憎悪を煽る記事を載せる。一方、白人至上主義の読者に対しては、黒人のデモや暴動を取りあげて黒人を悪玉にするような記事を載せる。いずれもオンライン広告により読者に届く。よって、いま取りあげたような「一つの誌面に並べると矛盾するような記事」が、矛盾に気づかれないまま読者に届いてしまう……。

また、クラウドワークスという会社が政治系の記事の作成を仲介していることについて、BuzzFeed Japanがすっぱ抜きました。同社は、クラウドソーシング、すなわちネット上で仕事を発注する側と在宅ワーカーとを結びつけ、仕事の進行から報酬の支払いまでを一括でおこなうサービスを提供しています。

具体的には、保守系や嫌韓の記事を書くと、一八〇〇〜四〇〇〇字で八〇〇〇円の報酬が得られるというクラウドソーシングをやっていました。探してみると、反フェミニズムの記事でも似たような内容の仕事がありました。

以上のように、フィルターバブルを活用して数少ない記事を多くの人に届くような仕組みがあったり、バイト感覚かつ物量作戦で政治的な記事の投稿がおこなわれていたりする。その目的は、それほど関心を持たれないような情報であっても、恣意的な操作によって「よく目にする情報」となる環境を作ることです。

「そんなことに騙されるわけないじゃん」と思うかもしれません。でも、少年犯罪の数が減っているにもかかわらず、メディアが少年犯罪を多く取りあげることによって、少年犯罪が増えているように取りちがえてしまうようなことが、一九九〇年代に起きていたりします。

右派のメディア戦略を検討した際に触れましたが、粗製濫造して書店の棚を埋めつくすのと同じようなことが、ネット上でもおこなわれていることを、僕たちは理解しておいたほうがよいと思います。

安田　今世紀に入ってからネット右翼が注目を集め、その書きこみがブログやTwitterな

★14…クラウドワークス　二〇一一年に創業。時給制では、時間単位で仕事の受発注ができる。固定報酬制では、プロジェクトを単位とした仕事が受発注できる。

★15…BuzzFeed Japan、二〇一七年九月二二日の籏智広太レポーターによる『「嫌韓」「反日」の記事を書けば八〇〇〇円。政治系ブログ作成の求人が掲載中止に』というネット記事を参照。

どをとおして、あたかもネット言説の主流となったかのような状況もありました。

　僕の周辺にいるリベラル風のおじさんはそれを見て、「ネットなんて信じる奴がアホだ」と言って相手にしません。ネット右翼を見下し、突きはなしていたんですね。それはそれで正しいところもある。僕自身もそういう傾向がありました。団塊世代の書き手からは、「安田、パソコンなんて、やってるんじゃねえぞ」とまで言われましたから。あの人たちのなかには、原稿用紙に対する信仰を持った人もいましたから。あくまでも九〇年代までの話ですが。

　しかし、見下したり突きはなしたりしているうちに、ネット検索の上位にあらわれるくらいの勢いで、ネット右翼的な言説や歴史修正主義的な言説が増えていった。この部分は、リベラルとか左派とかを自認する人たちも反省すべきだと思うのですが、倉橋さんはどう思いますか？

倉橋　歴史学者の板垣竜太[★16]と話しているときに、彼は「インターネットが始まったころは、リベラルな人たちががんばっていたんだけどね」と言っていました。たしかに、大学では一般よりも早くネットが導入され、環境が整えられていました。掲示板やメーリングリストなどをとおして学者や研究者同士でやりとりするなかでは、もちろんネット右翼的な言説や歴史修正主義的な言説は流通しなかったでしょう。
　「ちょっと待ってください」と言って僕は話に入っていきました。ネットの勃興期に板垣らリベラル・左派と呼ばれる人たちがネット上でやっていたのは、それまで紙媒体でやっていたことをネットでやっただけ（電子化しただけ）のことではありませんか、と。

★16…板垣竜太（1972-）　歴史学者。同志社大学社会学部教授。専攻は、朝鮮近現代社会史、植民地研究。著書に『朝鮮近代の歴史民族誌』（明石書店）など。

だからこそ、「つくる会」や右派が盛りあがった九〇年代半ばから、ネット右翼という言葉が新聞で使われた二〇〇五年くらいのあいだにネットに広がっていく言説に対して、リベラル・左派勢力は対応することができなかったわけです。

紙の文化をネットに移行することは実現した。それだけだったら、できていたんです。しかし、〇〇年代以降のコミュニケーション・プラットホームになったり、自動プログラム化されていく物量作戦にはついていけなかった。ネットへの対応について、リベラルや左派には、そんな弱さがあったことを認めざるをえません。

第八章

企業のネット右翼化を考える

歴史修正主義と排外主義のつながり

倉橋　歴史修正主義と排外主義がつながるときに、その拠りどころとなることが多いのは近現代史です。とりわけ、戦争に関わる部分が注目されます。そうなると近隣諸国も必然的に関わってきます。歴史修正主義という言葉を歴史の否定、排外主義を差別と言いかえてもかまいません。

これは日本に限った話ではありません。五章の「マルコポーロ事件」のところで議論した映画『否定と肯定』で裁判の本丸になっていたのは、ホロコースト否定論者が「意図的に歴史を書きかえたかどうか」でした。さらに、その「意図」のなかにユダヤ人差別が含まれているかどうかも重大な争点になりました。単純に歴史を書きかえただけならば誰も相手にしないのですが、そこに差別や排除の意図が含まれている場合は、大きな問題になるということです。

また、歴史の否定が先にあって、そこから差別が生まれることもありますし、差別が先にあって、歴史が書きかえられることもあります。ですから、どちらが先か後かという議論には、あまり意味がありません。これらは相互補完関係にあります。これが第一のポイントです。ごく普通なかたちで知的に誠実な態度をとったり、人権問題に対して真摯な態度をとっていれば、歴史修正主義も排外主義も採用されることはありません。

第二のポイントは、自国中心主義を前提に置くことによって、まず自国の歴史が歪んだかたちで記述され、くわえて外国の歴史も歪みがちになってしまうことです。

歴史修正主義と排外主義のつながりを示す具体的な事例のひとつは、「在日特権」の話です。この言葉はネット発、つまりネットから発信され、広まったものであり、発信したのはネット右翼です。既存の右翼が使っていたような言葉ではありません。

在日韓国・朝鮮人の通名に関する事実とか、在日の多くの高齢者が生活保護を受給していることと年金との関係など、いずれも歴史的な経緯がある問題です。しかし、そういった問題について語る際、歴史を捨象したり軽視したり意図的に無視する状態を作ることによって、通名制度や生活保護受給を「特権」だと見なし、排外主義的なロジックを組みたてていく。

歴史を否定することによって排外主義を唱えるという意味で、両者は車の両輪のようにつながっていると言えるでしょう。もちろん、歴史を否定する人がすべて排外主義になるとは限りません。もっと別の角度から排外主義にコミットする人はいますので。

安田　排外主義を唱えている人のすべてが、日本と関わりのある外国人のすべてを嫌悪しているわけではない、と僕には思えます。たとえば、どれほど不平等な関係を強いられようとも、在日米軍に対する批判はほとんど聞かない。地位協定に言及もしない。

日本の場合、外国人差別の原点は朝鮮半島出身者に対する偏見と蔑視です。それこそが排外主義的なムードの原点なのではありませんか。

朝鮮人差別は、少しも目新しい現象ではありません。前述のとおり、九六年前の関東大震災では、朝鮮人であるというただそれだけの理由で「死ね」「殺せ」と罵られ、実際に大勢が殺されました。こうした差別は連綿とつづいています。そして、差別はリニューアルを重ねていく。

現在のようなカジュアルで軽い（ただしより醜悪な）韓国や在日に対する反感や差別が生まれたのは、二〇〇二年の日韓共催ワールドカップが端緒ではなかったかと思っています。反感の理由についてよく言われるのは、韓国代表チームのラフプレイだとか、本来は日本単独で開催するはずだったという言説です。僕の見解はすこし違って、あのとき多くの日本人が韓国を「発見」したのではないか、と考えています。

ネトウヨにとって、発見する前の韓国は、極東地域の小国でしかなかった。一部の人しか興味を示さないようなマニアックな国だったことは、『ディープ・コリア』という本を取りあげた部分で述べました。観光地としては一般化されていないし、もっとも多く訪ねていたのは買春目的のツアー客でした。

「発見」した韓国は経済も発展し、国全体に勢いもあった。そうした〝国力〟を目の当たりにした日本人の一部が過剰なまでに脅威を感じとり、剝きだしの反感をぶつけるようになる。いわゆるネット右翼の原型がそこにあるような気もします。

僕が会ったことのあるネット右翼を例にすると、彼らの北朝鮮や中国に対する物言いと韓国に対する物言いには、大きな違いがあります。前者に対してはもちろん嫌悪と反発もあるが、ある種のポーズに近いものを感じます。後者に対しては強く感情的になります。露骨なまでに排他的となる。嫌韓は聞くけど、嫌北朝鮮は、スローガンとしてなじまない。東京・新大久保での嫌韓デモは多くの人を集めたけれど、市ケ谷の朝鮮総連本部前でのデモには人が集まらない。麻布の中国大使館前でデモをやろうとすれば、街宣の右翼は集まってもネット右翼はあまり参加しない。

僕は取材で「なぜ韓国への攻撃が際立っているのか」とネット右翼の人に聞いたことがあります。ある人は「韓国のほうがネタが多い」と答えました。たしかに、北朝鮮や中国の情報は、韓国の情報ほど簡単に得られません。さらに、北朝鮮や中国はすこし距離の遠い「外国」なのに対し、韓国は外国と言えるほど精神的にも遠くない。

こうした日本と韓国の「近さ」のようなものが、韓国への憎悪を生むひとつの契機になっているのではないか。繰りかえしますが、社会体制が近いし距離も近い。だからこそ、排外主義が肥大化していった。僕はそう考えています。

ネット右翼的な企業について

安田　ところで、歴史修正主義と排外主義を主張するようなもの、つまりネット右翼的な言説や振るまいが企業のレベルにまでおよんでいます。今回の対談に備えて、右派的な要素を含む企業をまとめてみました。

企業と右翼が密接な関係にあったということは、日本の歴史では珍しくありません。第二章でも述べましたが、一九五〇年代には三菱電機の高杉晋一元会長はバリバリの右翼であり、右翼団体に資金提供していた。

僕が以下に記す企業は、差別、偏見、排外主義などを抱えこんだ言説を企業ぐるみで振りまいている、またはそうした言説を経営者が主張しているような会社です。たとえば前者の代表がDHC、後者の代表がアパグループになると思います。

DHCはもともと洋書の翻訳を請けおう会社で、社名は大学翻訳センターの略です。八〇年代に化粧品事業に進出し、現在は健康食品の最大手となりました。僕は同社の労働争議を取材したことがあります。創業者の吉田嘉明★1（現在は会長）は労働組合を敵視し、経営と組合は絶えず反発し合っていました。

そういう意味では、吉田には左翼への嫌悪のようなものが昔からあった。現在はDHCテレビジョン（旧DHCシアター）という自社の映像プロダクションで、「ニュース女子」★2や「真相深入り!! 虎ノ門ニュース」★3といった右派系の番組を制作している。両番組に出演する人びとは、雑誌「WiLL」や「月刊Hanada」に登場する面々とほとんどかぶっています。

また、この会社が悪質だと思うのは、経営者が会社の公式ウェブページで在日韓国・朝鮮人のことを以下のように罵っていた点です。

いわゆる、似非日本人、なんちゃって日本人です。政界（特に民主党）、マスコミ（特に朝日新聞、NHK、TBS）、法曹界（裁判官、弁護士、特に東大出身）、官僚（ほとんど東大出身）、芸能界、スポーツ界には特に多いようです。芸能界やスポーツ界は在日だらけになっていてもさして問題ではありません。影響力はほとんどないからです。問題は政界、官僚、マスコミ、法曹界です。国民の生活に深刻な影響を与えます。私どもの会社も大企業の一員として多岐にわたる活動から法廷闘争になるときが多々あ

★1…吉田嘉明（1941-）実業家。一九七二年に創業したDHCの会長。

★2…「ニュース女子」二〇一五年から放送されているバラエティ番組。グラビアアイドルやタレントの女性らが、おもに右派の論客にニュースを解説してもらう内容。以前はDHCシアター（現DHCテレビジョン）がボーイズと共同で制作していた。

★3…「真相深入り！ 虎ノ門ニュース」ネットでストリーミング配信されているニュース番組。以前はCS放送でも放送されていた。コメンテーターの人選は、「ニュース女子」の論客とほとんど同じ。制作はDHCテレビジョン。

★4…元谷外志雄（1943-）石

りますが、裁判官が在日、被告側も在日のときは、提訴したこちら側が一〇〇%の敗訴になります。裁判をはじめる前から結果がわかっているのです。似非日本人はいりません。母国に帰っていただきましょう。

典型的なネット右翼の文章です。読みあげるだけで吐き気がする。こうした差別的な、いや、差別丸出しの文章を会社の公式ウェブページに載せてしまうわけです。三〇〇〇人弱の従業員は、どんな思いでこの文章を読んでいたのでしょうか。

アパグループはホテルの経営で有名ですが、各客室に経営者の元谷外志雄★4が書いた『理論近現代史学』（扶桑社）という南京事件は中国のでっち上げなどと主張する内容の本を常備していることで話題になりました。また、二〇〇八年から「『真の近現代史観』懸賞論文★5」を主催し、歴史修正主義的な論文を募集しています。選考委員も受賞者も、やはり「ＷｉＬＬ」や「月刊Ｈａｎａｄａ」に登場する面々とかぶっています。

東証一部上場のフジ住宅は、一五年に歴史修正主義的な編集方針の育鵬社の教科書を大阪市立の中学校に採択させるため、社員を強制的に動員したことで有名になりました。また、韓国や北朝鮮に対する差別的内容の文書を社長が社員にまわし、読みおわったら各人がチェックするということをやっていました。動員に消極的であった在日韓国人の女性社員は、こうした会社の方針がハラスメントだと裁判に訴えています。

ゴーゴーカレーは、社員研修で靖国神社への参拝を実施しており、これに対してネット右翼が「食べて応援」などと応答しています。靖国参拝を実施している会社は、ほか

川県出身。実業家。一九七一年に信金開発株式会社を設立。九七年からアパ株式会社に。現在は、ホテルやマンション、レストランなどを経営する会社グループ「アパグループ」の代表。

★5…「真の近現代史観」懸賞論文　アパグループが募集する懸賞論文。近現代史に関する内容の論文を募集し、選考された論文の著者には同グループから賞金が出る。年に一度、授賞式がおこなわれる。田母神俊雄、竹田恒泰、杉田水脈、ケント・ギルバートなど、これまでの受賞者はすべて右派論客。

にも数多くあると思われます。が、だからと言って、そのすべてが排外主義的な会社であるとは言えないと思いますが。

倉橋　第二次世界大戦末期に特攻した隊員の遺品や資料を展示する知覧特攻平和会館（鹿児島県）にも、多くの会社が研修で訪れています。経営者らの右派的な思想にもとづいて、そのような研修がおこなわれているようです。安倍首相、企業経営者、学校関係者、野球選手などが「知覧巡礼の勧め」を表明する著名人に名を連ねています。

その一方で、単純に右派思想の普及を目的としているものではなく、国のために散っていった隊員の遺書や遺品などを見せて、社員に「活を入れる」という自己啓発的な使い方もされています。★6 秋季キャンプ中の読売巨人軍、千葉ロッテマリーンズ、ラグビー日本代表、バレーボール日本代表も訪問しています。ゴーゴーカレーなどの研修は、この「活を入れる」系の目的で靖国神社を利用しているように見えます。

安田　（アリさんマークの）引越社では、営業職の社員をシュレッダー係に左遷したうえ、その社員は「罪状」と書かれた解雇通知を全社に貼られ、くわえてシュレッダー機の前に同社員の写真入りで「北朝鮮人は帰れ」と書かれた紙が貼られた。同社の管理職研修では、韓国・朝鮮人を差別する「三国人」や部落差別となる「ミツ」「ヨツ」といった単語を、取締役ら幹部が平気で使用していることがあきらかになっています。

高須クリニックの高須克弥★7によるネット右翼的なツイートは、いうまでもないでしょう。思ったことや感じたことをそのままツイートするのはよいけれど、そのツイートで傷つく人がいるということを、理解してほしいです。

★6…井上義和「記憶の継承から遺志の継承へ」、福間良明・山口誠編『知覧の誕生』柏書房、二〇一五年を参照。

★7…高須克弥（1945-）　愛知県出身。医師。高須クリニック院長。ホロコーストの否定、南京事件の否定、従軍「慰安婦」の否定など、歴史修正主義的な発言、ならびに排外的発言をTwitterでおこなっている。

★8…大阪広域生コンクリート協同組合　一九九五年に設立された関西の生コンクリート協同組合。「大阪府と兵庫県の一六四社一八九工場を擁し、全国で三〇〇以上ある生コンクリート協同組合の中でも最大の規模を誇」る（同協同組合ウェブページより）。

拡張する「ネトウヨビジネス」

安田　あと、気になるのは、ネット右翼と企業とのつながりです。ネトウヨはネットのなかで完結していると思っていたのですが、じつはそうでもない。

関西で活動する生コンクリート会社の経営者団体として、大阪広域生コンクリート協同組合[8]（以下、広域協同組合）という組織があります。この組織が労働組合対策のために、瀬戸弘幸や有門大輔[9]、渡邊臥龍[10]らネット右翼の大物を用心棒のように引きいれている。

このように、ネット右翼が会社の用心棒として狩りだされるという形態は、ネット右翼のビジネスとしては新しいものだと感じました。これまで会社が労働組合に対する用心棒として雇うのは、本物の右翼や暴力団員でした。会社は彼らを使って労働運動をつぶしたり、デモに圧力をかけたりするわけです。

生コン会社の労働組合には、元自衛隊員をはじめ、いろいろな人が集まってきます。闘い方は先鋭的です。これに対処するため、一昔前の生コン業界では右翼や暴力団と手を結んで労組を弾圧することもありましたが、いまはネット右翼の大物を味方に付けている。

そして、彼らの起用は功を奏しました。荒っぽい労働組合への対処には、絶えずスマホの動画撮影をオンにして追いかけ、得られた情報は随時ネットにアップし、街宣を数多くかけるなど、ネット右翼的な手法で立ちむかう。その結果、労働組合はかなりの打撃を受けることになります。

★9…有門大輔（1974-）大阪府出身。活動家。元在特会の会員で、「行動する保守」として活動するネット右翼。二〇〇三年に特定非営利活動法人「外国人犯罪追放運動」を設立し、解散となる一六年まで理事長。右派の政治団体である維新政党・新風では東京都本部広報委員長を務める。

★10…渡邊臥龍（1973-）東京都出身。活動家。本名は渡邊昇。「行動する保守」として活動するネット右翼。「日本の心を学ぶ会」代表や「パチンコ廃止を求める会」事務局長などの右派団体で活動する。

最後に、「Twitter Japan」も取りあげておきます。右派的な企業とは言えませんが、その無責任ぶりは注目に値します。何がどう無責任なのか。それは、排外主義的なツイートを放置し、その点を指摘しても改善しない点です。

倉橋　二〇一七年九月には、SNS上での差別的投稿を削除すべきだと訴える人びとが、「Twitter Japan」の本社前でデモをおこないました。彼らが掲げるプラカードには、「ヘイトスピーチは表現の自由にあたらない」「差別ツイート　野放しやめて」「差別の道具になりたくない」などと書かれていた。

安田　もはやSNSの象徴的存在であり、メディアであるという意味で、「Twitter」の影響力は無視できないと僕は思っています。にもかかわらず、差別やヘイトスピーチに類する発言を削除せず、放置しておくのは、自らの役割を理解していないか、自らの責任を放棄しているとしか思えません。

倉橋　右派的な要素を含む企業については、いくつかのカテゴリーに分けたほうがよいかもしれません。安田さんも述べていますが、第一に経営者のみが歴史修正主義や排外主義を唱えている場合、第二は経営者が社名を出したうえで同様に唱えている場合、第三は経営者が社員にも自らの主義・主張を押しつけている場合、といった具合に。

安田　たしかに、ネット右翼的な社長というのは山ほどいると思われます。問題は、その主義・主張を社員に強要しているか否か、という点でしょう。フジ住宅などは、わざわざ有給を取らせて、社員に教科書採択運動の手伝いをやらせていたりするわけですから、押しつけと言われても仕方がありません。

倉橋　彼らが手伝ったのは育鵬社の教科書採択運動です。大阪の南側を担当していたのがフジ住宅の社長で、北側を担当していたのが森友学園問題で注目された籠池泰典[★11]でした。

高須クリニックの話で言えば、言いたい放題の父親の発言を、長男の力弥が批判したり、いさめたりするツイートを投稿しているのが興味深いところです。父親が「サヨクがマイノリティを差別してる！」とツイートすれば、力弥が「高須クリニックのために院長が率先してマイノリティ差別をやめてください」とツイートしたり……。

こうした状況を見ると、経営者が社名を出してネット右翼的に振るまっているような会社では、社員の不平や不満がたまっているのではないか、と思ってしまいます。経営者に対して、「お願いだから、そんなことは言わないでくれ」と思っている社員はたくさんいるのではありませんか。

安田さんが取りあげたものに追加するとすれば、ブリヂストンサイクルでしょうか。会長の石井公一郎[★12]ですか。石井は、同社の社長をやりながら日本会議関連の書籍やブックレットを専門で発行している明成社という出版社を立ちあげ、自身が初代社長に就任しています。「日本の歴史・伝統文化など『日本人の誇り』をよみがえらせる書籍の出版」が目的なのだそうです。

ネット右翼的な出版社について

倉橋　ネット右翼的な企業の検討につづいて、右派の書籍を刊行する出版社を見てみよ

★11…籠池泰典（1953-）香川県出身。学校法人森友学園の元理事長。瑞穂の國記念小學院の設置認可と国有財産払い下げに関する疑惑で証人喚問に。この問題に絡み、近畿財務局による大幅な値引きに対する疑惑が生じ、財務省理財局による決裁文書の改ざん問題があきらかになった。

★12…石井公一郎（1923-）東京府出身。実業家。元ブリヂストンサイクル会長。明成社の初代社長。また日本会議の元副会長でもある。

うと思います。一覧にしてみましたので、表2をご覧になってください。あくまでも僕が知る範囲のものなので、見逃した出版社がまだまだあると思います。

リスト掲載の基準は、歴史修正主義的なものを刊行していたり、「やばい●●」というような特定の人や国をおとしめたり差別するヘイト本を刊行しているところ、あと「ニッポン、すごい!」という論調の本を刊行している出版社となっています。本書では、これらを総じて「ネトウヨ本」としておきます。

これらの出版社をざっくり分類してみると、以下のようになります。第一は、昔からの保守系、もしくは右派系の出版社。フジサンケイ系の各社とか自由社、総話社などが含まれます。第二は、ビジネス系もしくは自己啓発系で右派の本も出す出版社。代表格はＰＨＰ研究所で、ほかにビジネス社や致知出版社、フォレスト出版など。第三は、宗教系およびスピリチュアル系で右派の本も出す出版社。ハート出版やヒカルランドなど。第四は、新興の右派系出版社。ワックやダイレクト出版、晋遊舎、青林堂。第五は、サブカル系で右派の本も出す出版社で、実業之日本社など。そして第六は、大量の刊行物にまぎれるかたちで右派系の本も出す大手の総合出版社。角川書店や講談社、小学館などが含まれます。

今回、調べた範囲で言うと、経済論や政治論、日本論などに乗っかったうえでネット右翼的な言説が書かれているものが多いのが特徴です。ネトウヨ本の刊行点数から言うと、徳間書店がとくに多い。文藝春秋や祥伝社のネトウヨ本も多く、講談社や小学館はあまりにも全体の刊行点数が多いためネトウヨ本がかすんでしまいますが、確実に出し

表2　ネット右翼系の本を出している出版社リスト

※出版社名、カッコ内は創業年と備考　※あいうえお順

飛鳥新社（1978年、雑誌「月刊Hanada」）
育鵬社（2007年、フジサンケイ系）
潮書房光人社（1956年、フジサンケイ系）
オークラ出版（1981年、雑誌「撃論ムック」）
海竜社（1976年、全出版物の一部）
角川書店（1945年、全出版物の一部）
クレスト社
幻冬舎（1993年、全出版物の一部）
悟空出版（2014年）
講談社（1909年、全出版物の一部）
國民會館（出版社ではないが叢書を刊行）
幸福の科学出版（1987年、幸福の科学系）
産業経済新聞社（1955年、雑誌「正論」）
彩図社（1991年）
新潮社（1896年、全出版物の一部）
小学館（1922年、全出版物の一部）
自由社（1973年）
翔泳社（1985年）
晋遊舎（1995年）
祥伝社（1970年、全出版物の一部）
実業之日本社（1897年、全出版物の一部）
自費出版（印刷や電子版など、2013年頃から要注目）
青林堂（1962年）
青春出版社（1955年、自己啓発系・占い系）
総合法令出版（1990年、自己啓発系）
草思社（1968年）
総話社（1970年）
ダイレクト出版（2006年）
宝島社（1971年、ムックを中心に）
太陽企画出版（出版社ではないが、書籍を刊行）
たちばな出版（1987年）
致知出版社（1973年）
展転社（1982年）
徳間書店（1954年、全出版物の一部）
東邦出版（1979年）
日新報道（1967年）
ハート出版（1986年）
白馬社（1987年）
白水社（1915年、最近は池田信夫の本で話題に）
PHP研究所（1946年）
ビジネス社（1968年）
ヒカルランド（2010年、基本はスピリチュアル系）
文藝春秋（1923年、全出版物の一部）
扶桑社（1987年、フジサンケイ系）
芙蓉書房出版（1987年）
フォレスト出版（1966年）
ベストセラーズ（1986年）
勉誠出版（1967年、元は良心的学術出版を）
明成社（日本会議ブックレット作成）
モラロジー研究所（公益財団法人だが書籍を刊行）
李白社（2002年）
ワック・マガジンズ（2004年、雑誌「WiLL」）
ワニブックス（1979年）

ています。

講談社の人と仕事をしたときに、「うちも（ネトウヨ本を）出しちゃっているんですよ。すいません」と言われましたが、その人によると社内でもネトウヨ本の刊行については賛否両論があったそうです。このときはケント・ギルバート[★13]のベストセラー『儒教に支配された中国人と韓国人の悲劇』（講談社＋α新書、二〇一七年）が話題になったのですが、その後も続編の『中華思想を妄信する中国人と韓国人の悲劇』（講談社＋α新書、二〇一八年）が出ているので、社内でどこまで議論しているのか僕には疑問なのですが。

安田さんが講談社現代新書で『「右翼」の戦後史』を出したときに、校閲がとても厳しかったと言っていました。同じ会社の本でありながら、ケントの本は校閲などしているとは思えないような内容です。このダブルスタンダードは、いったい何なのでしょうか。

安田　講談社よ、お前もかと暗澹たる気持ちになります。まあ、大手出版者にはさまざまな人がいる、としか言いようがない。当然、車内には強い反発があります。あくまでも仮の計算ですが、『儒教に支配された中国人と韓国人の悲劇』が五〇万部ほど売れたとして、定価が約九〇〇円で印税率が一〇％だとすると、ケントが得た印税は四五〇〇万円になります。クラクラするような金額です。

人はどんなきっかけで変節するのでしょうか。一九八八年に出した『ボクが見た日本国憲法』（ＰＨＰ研究所）でケントは、日本国憲法を高く評価すると同時に、在日コリアンへの差別や沖縄の基地問題を憂慮していました。九〇年代は英語関連の本を中心に出し、二〇〇〇年に入ってからは本を出していなかったケントが、一五年にネトウヨ本で

★13…ケント・ギルバート（1952-）アメリカの弁護士。一九八〇年代にはテレビのタレントとして活動していた。二〇一五年からは右派的、歴史修正主義的な著作を数多く刊行。著書に『中華思想を妄信する中国人と韓国人の悲劇』（講談社＋α新書）、『リベラルの毒に侵された日米の憂鬱』（ＰＨＰ研究所）など。

ある『まだＧＨＱの洗脳に縛られている日本人』（ＰＨＰ研究所）で突然復活します。以降のネット右翼論客としての彼の「活躍」ぶりは、多くの人がご存じでしょう。

彼の振るまい方を見ていると、やはりネトウヨビジネスの存在を、あるいは市場というものを思わざるをえません。僕の想像ですが、ケントは信念などではなく、ただただ金儲けのためにネトウヨ本を出しているような気もします。少なくとも『ボクが見た日本国憲法』を書いた人が、転向して真逆のことを書きだすとは、なかなか思えません。

倉橋さんが作ったリストは、たいへん興味深いものです。元小学館編集者が設立した会社では、一時期、新聞事業に進出し夕刊紙「日刊アスカ」を発行したこともありました。半年で休刊しましたが。いまは「月刊Ｈａｎａｄａ」とネトウヨ本、そして細木数子★14の占い本などを扱っています。

いま僕はＫＡＤＯＫＡＷＡの仕事をしていますが、同業や異業種との合併がつづき、出版社としての図体が大きくなりすぎたような気がします。だからさまざまなカルチャーが混在し、ネトウヨ本を出してもいい、という話ではないのですが。

誰もが知っていることですが、青林堂は「ガロ」という雑誌で日本の漫画文化を支えてきた出版社でした。しかし、経営者が変わったことによりネトウヨ的な出版社に体質が変わってしまいました。

悪質ぶりに目を引いたのはビジネス社です。一七年に出た恵隆之介・渡邉哲也著『沖縄を本当に愛してくれるのなら県民にエサを与えないでください』は、数あるネトウヨ本のなかでもっとも醜悪な部類に入るのではないでしょうか。

★14…細木数子（1938-）東京府出身。タレント、占い師。六星占術に関する著作を多数出している。

いずれにせよ、このリストを見ていると絶望的な気持ちになってきます。大手を含むこれほど多くの出版社が、ネトウヨ本を出しているのか、と。

「良書を出しているからヘイト本を出してもいい」の論理

倉橋　ネット書店のランキングなどを見ていると、悟空出版やハート出版、ビジネス社、青林堂、ワック、PHP研究所などの本がネット右翼系の本の上位に入っていることが多く、書店の書棚で見かけることも多い。

学術系の出版社で最近話題になったのは勉誠出版で、長年にわたって良心的な学術書を出していたところです。ところが、「つくる会」の会長を経験したこともある歴史修正主義者の田中英道[★15]による『日本人を肯定する』や、これまた歴史修正主義者である鈴木荘一[★16]の『日中戦争はスターリンが仕組んだ』などを二〇一八年になって刊行するようになりました。

じつは、僕の知人が同社から学術書を出していて、担当編集者から内部の事情を耳にしたそうなのですが、ネトウヨ本の刊行については社内で大もめだったそうです。

安田　繰りかえしますが、リストを見ると絶望的になると同時に、悲しくもなります。かつてはリベラルだった出版社が変質し、ネトウヨ本に手を出す。出版社として差別に加担することなど許されません。

倉橋　小規模な出版社の場合、ネトウヨ本を出すことを喧伝し、それを売りにしている

★15…田中英道（1942-）東京都出身。美術史家。東北大学名誉教授。二〇〇一年から〇四年まで「新しい歴史教科書をつくる会」の会長。著書に『天孫降臨とは何であったのか』（勉誠選書）、『日本国史』（育鵬社）など。

★16…鈴木荘一（1948-）東京都出身。作家。日本興業銀行の元銀行員。著書に『アメリカの罠に嵌まった太平洋戦争』（自由社）、『明治維新の正体』（毎日ワンズ）など。

きらいもあります。

安田　青林堂の社員の編集者は、元在特会の広報局長だった米田隆司です。米田が以前、勤務していたのはＶＯＩＣＥというスピリチュアル系の出版社でした。

倉橋　今後、しっかり見ておく必要があるのは、大手出版社の動きでしょう。

安田　雑誌の話をすこしします。一時期、ネット右翼的な記事が増えました。中国を叩いたり韓国を叩いたりするような記事です。そのときに週刊誌の編集者に聞いた話によれば、「コストパフォーマンスがよい」とのことでした。なるほど、と僕は思いました。

まず、週刊誌の事件記事が読まれなくなっている。さらに、事件の取材には多くの取材費を必要とする。取材したからといって、記事になるような成果があがるとはかぎらない。他方、嫌中や嫌韓の記事は、あまり経費がかからない。記事のストーリーはネットから拾ってくる。ストーリーに識者らのコメントをつける場合も、電話取材で済む。ほぼ取材などなしで、こうして一本の記事ができてしまいます。

手軽に書かれた記事の内容が嫌中や嫌韓などのヘイトや歴史修正主義的なものだと、そこそこの反応が読者から得られます。おそらく、書籍でも同じようなことが言えるのではありませんか。

先ほど倉橋さんが、僕が新書『「右翼」の戦後史』を書いているときに、講談社の校閲がめちゃくちゃ厳しかった話をしてくれました。時代考証や事実確認が徹底的におこなわれ、たとえば天気について書くと「本当にその日がその天気だったのか」という確認を求められたりしました。

もちろん編集者それぞれの個性があるので、どこまで校閲をするのかという基準はいろいろなケースがあります。そもそも、ケントの本はノンフィクションとは認識されておらず、娯楽読物という扱いだと思われるので、厳しい校閲がなかったとしてもうなずける話ではあります。

僕が書いているノンフィクションのようにコストをかけてもたいして売れないものと、ケントの本のようにコストをかけずに十万単位で売れる本があります。出版社も商売ですから、内容が歴史修正主義であろうがヘイトであろうが、効率よく儲かる後者の本を出したくなるのは当然の流れなのかもしれません。もちろん、その流れに乗った場合、ほかにどれほど質のよい本を刊行していても、「あの大手出版社がヘイト本やネトウヨ本を出した」と指摘されてしまうことになるわけですが。それも覚悟のうえのことなのでしょう。

なにしろ大手出版社の社員は、給料が高すぎます。三〇歳になるまでに年収で一〇〇〇万円くらいもらえるでしょう。この給与水準を維持するためには、それなりの利益を確保する必要がある。だから、大手の編集者はこういう言いわけを僕に言ったりします。少部数のよい本を出すために、たくさん売れるヘイト本やネトウヨ本を出さざるをえない、と。

それは違う話だと思います。ヘイト本やネトウヨ本を出す理由は、良書を出すためではなく、自分らの生活を維持するため。百歩譲って、良書を出すためにヘイト本やネトウヨ本を出しているとしても、そのことによって差別や偏見が煽られるのであれば、情報を発信して文化を先導するという出版社の本来の役割を放棄したことになります。

ちなみに、大手出版社が良質な本をたくさん出していることも事実です。一方で、青林堂のように過激なかたちで差別や偏見を助長してしまうような本を出しているのも事実。ただ、どれほどよい本を出していても影響力を考えれば、ヘイトへの加担など許されるわけがない。

倉橋 大手出版社の本は、それがどんな本であっても「大手から出ている」という部分において、読者に対する説得力を持ってしまう。その点は、押さえておくべきかもしれません。ようするに、ネームバリューと権威性です。本当の姿は別にして、なんとなく理性的なメディアだと思われがちでもある。

ヘイト本やネトウヨ本であっても、大手出版社のネームバリューによって書店の書棚に平積みされ、公共図書館に所蔵されるようなケースは、確実に増えているように思えます。

情報が欠乏した部分に入りこむ「気づき」と「発見」

倉橋 今後、研究を深めようと思っているのが、自己啓発系やビジネス系、そしてスピリチュアル系の出版社とネット右翼的な刊行物との関係です。

安田 スピリチュアル系とネット右翼の関係性。スピリチュアル系の雑誌で有名なのが「ムー」ですが、元在特会の桜井誠は「ムー」の愛読者であったことを公言していますね。

倉橋　「ムー」から発信された「サムシング・グレート」という言葉が、日本会議系の公民教科書に掲載されていることは、すでに六章で述べました。

たとえば、「いま自分の調子はよいのだろうか？」と思ったときに占いの本を読む。そのときには、ある種の「自己管理のテクノロジー」として占いが使われているのかもしれません。また、「自分をよりよく高めるためには、どうしたらよいのか？」と思ったときに、自己啓発の本を読んで自己管理をするのも同様です。

占いも自己啓発も、読んだ本と自分との一対一の関係で成立します。僕が疑問に思うのは、そこになぜ国家とか歴史とかが関係してくるのかという点です。それも、右派的あるいは歴史修正主義的な視点や排外主義的な視点を採用したうえで、なぜ占い系やスピリチュアル系の出版社がネトウヨ本を出すのか。

安田さんは、どう思いますか。

安田　僕が取材で気づいたことですが、街頭に出てデモに参加するような、アクティブなネット右翼について言えば、陰謀論を信じきってしまうような人も少なくないように見えます。自我を保つための一つの手段として、スピリチュアル系の本を読んだりする可能性はあるでしょう。

陰謀論とスピリチュアルには親和性があります。ネット右翼とは、基本的に陰謀論の信者だと僕は思っています。彼らが唱える「在日特権」「在日コリアンが日本を支配している」という話は、まさに陰謀論そのものですから。

★17…鬼塚英昭（1938-2016）大分県出身。作家、竹細工職人。郷土史家としても活動。著書に『「反日」の秘密』、『天皇種族・池田勇人』（以上は成甲書房）など。

★18…三宅洋平（1978-）ベルギー出身。ミュージシャン、活動家。二〇一三年の参院選で緑の党から立候補して落選。「選挙フェス」という街頭ライブ型政治演説で話題に。一九九八年からバンド活動をおこない、二〇〇九年に活動休止したが、一七年に「犬式」として再始動した。

★19…岸信介（1896-1987）山口県出身。自民党の衆議院議員。元内閣総理大臣。東条内閣の商工相。第二次大戦後、A級戦犯容疑者となるが不起訴。一九五七年に首相。六〇年に日米安全ちょっと脱線しますが、僕は「田布施《たぶせ》システム」という陰謀論の取材をしました。田布施システムが日本を支配しているとして、鬼塚英昭[17]が『日本のいちばん醜い日』（成甲書房、二〇〇七年）で展開した議論を、最近になって三宅洋平[18]が選挙で取りあげたものです。田布施システムの概要は以下となります。

田布施というのは土地の名前です（山口県熊毛郡田布施町）。この町は、岸信介[19]と佐藤栄作[20]という二人の首相を出しています。現在の首相である安倍晋三もその系譜に含まれる。さらには明治維新の伊藤博文[21]と日本共産党の宮本顕治[22]、大正時代のテロリストの難波大助[23]、終戦直前の外務大臣の松岡洋右[24]らも田布施の周辺、というか田布施を中心とした地域で出生しています。つまり、田布施やその付近で生まれた人によって、日本は動いているというわけです。

そして、伊藤博文の陰謀で孝明天皇が殺され、同天皇の実子は田布施出身の若者にすり替えられ、その若者が明治天皇を名乗った。それ以来、明治天皇が前述の田布施もしくはその周辺の出身者を国の中枢に据えることで、田布施システムを作りあげた。そのシステムは、じつはロスチャイルド家などのユダヤ資本に支配されている。つまり、日本は田布施システムを通して、ユダヤ資本に支配されつづけて、現状に至っている。くわえて、田布施はもともと渡来人[25]の土地なので、以上で取りあげた人びとを含め田布施出身者はすべて朝鮮人である……。

概要は以上です。あまりに荒唐無稽な話であったので、市役所や郷土史家、地元の人びとの話を聞くため、僕は取材で田布施を訪れました。話を聞いたほとんどの人が、田

保障条約改定を強行し、退陣した。元首相の佐藤栄作は実弟。

★20…佐藤栄作（1901-75）　山口県出身。自民党の衆議院議員。元内閣総理大臣。一九六四年から七二年まで、長期にわたり首相を務めた。元首相の岸信介は実兄。

★21…伊藤博文（1841-1909）現在の山口県出身。政治家。松下村塾に学び、倒幕運動に参加した。一八八五年に内閣制度を創設し、初代の総理大臣に。一九〇五年には韓国総統となって日韓併合を進めた。〇九年、枢密院議長に転じた後、ハルビンで安重根に暗殺された。

★22…宮本顕治（1908-2007）山口県出身。政治家。一九五八年に日本共産党の書記長となり、以降四〇年、同党を指導した。

布施システムについて知っていました。信じているかどうかは別の話です。

で、このシステムを信じている人は、ネトウヨにもリベラル派にも存在します。リベラル派では、前述の三宅洋平が典型で、彼は二〇一三年に緑の党推薦で参院選に立候補しましたが、そのときに田布施システムの打倒を訴えていました。原発の利権もTPPの利権も、田布施システムが原因で発生していると言うのです。一方、右派で田布施システムを信じる人の場合は、「朝鮮人が日本を支配している」という文脈のなかで、同システムが朝鮮人の天下を作ったと考えるわけです。

倉橋 すこし話を戻します。ネット右翼のアクティブ派には精神的に不安定な人が多かったという話ですが、前述した都知事選における桜井誠の支持基盤に関する統計で、興味深い結果が出ていました。桜井を支持している人のなかで、「K6」が優位を示していたのです。

ちなみに、K6というのは、「うつ」もしくは「うつ傾向」かどうかを示すための基準で、心の健康状態を測定する尺度です。六つの質問について五段階で点数化して、点数が高いほど精神的に不健康である可能性を示すとされています。

個人の特性を医学的な説明項で強調し、かつそれを社会現象の説明にもちいることには問題も多い。また、桜井の支持層にうつが多かった、という部分のみが強調されても困ります。それだけで説明できることはごくわずかです。とはいえ、統計のうえでK6に優位が出ているということは、まぎれもない事実です。[★26] 単純に考えて、桜井の支持基盤は在特会に関係する人もいるわけで、その人たちは安田さんが取材してきたネット右

★23…難波大助（1899-1924）山口県出身。無政府主義者。一九二三年、ステッキ銃で皇太子の狙撃を試みたが失敗して逮捕される（→虎ノ門事件）。大逆罪とされ、翌年に死刑。享年二五。

★24…松岡洋右（1880-1946）山口県出身。外交官、政治家。オレゴン大学を卒業後、外交官に。一九三三年、首席全権として国際連盟総会に出席し、満州国を批判されて連盟脱退を宣言。四〇年には幣原内閣の外相として日独伊三国同盟を締結。戦後、A級戦犯として裁判を受けるなかで病死。

★25…渡来人 外国から渡来した人。とりわけ四世紀から七世紀ごろに朝鮮や中国から日本に移住した人びとを示すことが多い。

翼の人たちと似たような考えを持つ人びとだと思われます。

極端な推論になってしまいますが、精神的に不安定な状態のときに、「国家」や「歴史」「民族」といったものが、どのような使われ方をするにせよ、心の拠りどころのようなものになるのかもしれません。

あと、田布施システムの話を聞いていて思いだしたのが、〇〇年以降にアニメやライトノベル、漫画などのサブカルチャーで流行った「セカイ系」[★27]です。『新世紀エヴァンゲリオン』や『涼宮ハルヒの憂鬱』がその先駆けでしょうか。『君の名は。』もそのたぐいでしょう。

右派系陰謀論は、その屈折版とでも読解できるようなものを感じます。セカイ系の特徴は、僕と彼女（ヒロイン）がいたとすれば、その中間に存在するさまざまな組織やモノなどのすべてをぶっとばして、二人だけがこの世界に存在し、抽象的な「世界の終わり」や「宇宙規模の戦争」などと直面するという物語の意匠を採っていることです。セカイ系と陰謀論は、いずれも「オレとセカイと国家」というノリに通じるものがあると思います。ここで言う「国家」は、通常ならば中間項に相当するはずなのですが、あるおぼろげな大問題がその背後にあります。実態をともなわない、極めて抽象的な「コミンテルン」や「田布施システム」がそれにあたります。そこから演繹してたうえで、オレとセカイの関係から中間項（社会領域）を逆照射してしまっている。

ふたたび自己啓発系やビジネス系、そしてスピリチュアル系の出版社とネット右翼的な刊行物との関係に話を戻します。

★26…前出のシンポジウム「ネット右翼とは何か」における松谷満「ネット右翼活動家の『リアル』な支持基盤」による。

★27…セカイ系　二〇〇〇年代に流行しはじめたサブカルチャーの作品群を指す用語。明確な定義はないが、主人公とヒロインの間の世界が、中間項（社会的組織）を挟むことなく、物語を駆動する大問題に発展する作品の意匠を指す言葉。

自己啓発系の出版社は、評価がむずかしいところがあります。とはいえ、少なくとも自己啓発系の書籍に国家や歴史の話が出てくる場合は、新自由主義やグローバリゼーションと関わりがあるような気がしています。

自分がやっていること、具体的には日本の経済活動をどのように肯定するか、と考えてみる。そのときに、肯定する道具として自己啓発的なアプローチは役立つのではないか。また、そうした言論をリードしているという気分が出版社にはあるでしょう。ようは、出版社が読者のエリーティズムのようなものをうまく誘導していて、その素材としてネット右翼的な言説が使われているように思えます。

宗教系出版社の話で言うと、そもそも宗教自体が何かの証拠があって言説が組みたてられているわけではありません。ですから、セカイ系に近いアプローチがいくらでも可能だと言えます。スピリチュアル系の出版社にしても、「宇宙観」の話を出せば何でもありになってしまい、やはりセカイ系に近づく要素を持っています。

つまり、セカイ系やその亜種をキーワードにして考えると、宗教系やスピリチュアル系、自己啓発系の出版社がネット右翼的な言説を好み、ネトウヨ本を刊行するようになるのは、ある種の必然だったのではないかとも考えられます。ただ、まだ仮説の域を出ませんが。

安田　いずれにしても、いま取りあげたようなそれらの出版社がネトウヨ本を刊行し、それが読者に受けいれられる土壌を作ったことについては、ネットの役割が大きかったと思わざるをえません。

たとえば、前述の田布施システムなどは、バカバカしい話だと思っていますが、意外なほどに信じている人は少なくない。僕は取材でそう感じました。明治維新はいろいろあった。正史に出てこない部分もあるのだろう。本当の答えは何か。答えを求める人が出てきてもおかしくはありません。答えが出てくれれば安心できます。たとえそれが陰謀論であっても。

そう考えると、ネット右翼の人たちは、荒唐無稽なネット出自の陰謀論に、そして安易かつ安直な答えに飛びついてしまった人たちなのではないか、と思うこともあります。

倉橋　情報が欠乏しているところと情報が発信されているところを、検証抜きにして、安直に結びつけてしまう。発信される情報が陰謀論で、その情報が欠乏しているものであった場合、検証されずにぴたっとはまり、「発見」したり「気づき」をもたらしたりするのでしょう。すなわち、情報の需要と供給のバランスがとれていないような、いわばアンバランスな場所を埋めるときに、便利で安直な答えがもちいられがちになる。

本来ならば、それが真か偽かを検証したうえで、受けいれるのが情報というものです。そのプロセスをすっとばして、自らの情報の空洞にぴたっとはまるから受けいれるというのは、とても危ない作法だと思います。

第九章
リベラルは右派にどう抗っていけばよいのか

歴史修正主義と日本の政治

倉橋　最後に、歴史修正主義と日本の政治がどうつながってきたのかを検討できればと思います。

戦後の自民党は、最古参派閥の宏池会あるいは経世会の人たちの力が強かったという印象があります。宏池会とは、池田勇人[★1]が立ちあげ、大平正芳[★2]や鈴木善幸[★3]、宮沢喜一[★4]という内閣総理大臣を生みだし、河野洋平[★5]と谷垣禎一[★6]が自民党総裁を務めた派閥で、国民の生活を大事にする「現実主義政治」路線のどちらかと言えばハト派と呼ばれる人たちの集まりです。現在の会長は岸田文雄[★7]。

最近まで、派閥のバランスによって政治の中心を担ってきたのが自民党の特徴でした。どこかの派閥が行きすぎた政策を掲げれば、別の派閥がそれにブレーキをかけるといったことがおこなわれてきたのですね。

ところが、小渕恵三[★8]首相が亡くなった二〇〇〇年に森喜朗[★9]が首相になりますが、そのころから「国の力を強くする政治」を求める清和会が力を示しはじめました。同会は宏池会と並ぶ名門の派閥です。福田赳夫[★10]時代から時代を飛んで、森喜朗、小泉純一郎、安倍晋三、福田康夫[★11]が首相になりました。安倍晋三の父である安倍晋太郎[★12]や三塚博[★13]、町村信孝[★14]、細田博之[★15]ら派閥トップは党内の重鎮を務めました。現在の首相である安倍晋三の出身派閥であり、タカ派、すなわち右派系の人たちが集まっているのが特徴です。

つまり、宏池会や経世会が力を持っていた自民党が、小渕首相の死去とその後の顛末

★1…池田勇人（1899-1965）広島県出身。自民党の衆議院議員。元内閣総理大臣。所得倍増計画を実施し、高度経済成長政策を進めた。

★2…大平正芳（1910-80）香川県出身。自民党の衆議院議員。元内閣総理大臣。

★3…鈴木善幸（1911-2004）岩手県出身。自民党の衆議院議員。元内閣総理大臣。

★4…宮沢喜一（1919-2007）東京府出身。自民党の参議院議員、後に衆議院議員。元内閣総理大臣。

★5…河野洋平（1937-）神奈川県出身。自民党の衆議院議員。一九七六年、ロッキード事件を批判し、自民党を脱党。新自由クラブを結成して党首になるも、

（加藤の乱[16]の失敗）をきっかけに力を弱め、入れかわりに清和会が力を持っていったという構図になります。

小泉政権時の〇三年に自民党は、比例単独候補の七三歳定年制という決まりを作りました。この決まりによって、その後、比較的ハト派が多いとされる戦争を知る世代の議員が現職から去っていくことになります。そして、自民党の古参議員が定年で去った前後には、派閥にこだわらない党人事の掌握と、「小泉チルドレン」に象徴されるような、時どきの領袖に従順なイエスマン（小選挙区制度による党本部権力集中化の果て、選挙公認をちらつかせながらの圧力を含む）を新人議員として数多く公認しました。その結果、経世会は一気に衰退します。

では、これまで語ってきた自民党の歩みと歴史修正主義はどのようにつながっていくのか。さまざまな目的で結成される議員連盟（以下、議連）の立ちあがり方を注視すると、そのつながりの一端がわかると思います。

奥野誠亮[17]（無派閥）という自民党のなかでも保守本流かつタカ派で知られる政治家がいました。安倍晋三を含めた現在の自民党で活躍する議員に、歴史修正主義的な歴史認識を「指導」した人と言ってもいい。一九九〇年代に「慰安婦」問題が注目され、「つくる会」が活動をはじめたころに、彼が立ちあげた議員連盟が「終戦五〇周年国会議員連盟」（一九九六年）です。

この議連の事務局長代理に、議員一年生だった安倍晋三が抜擢されています。安倍はその後、奥野の意志を継ぐようにして、「日本の前途と歴史教育を考える若手議員の会」

八六年には自民党に復党。九三年、宮沢内閣の官房長官のときに「河野談話」を発表。二〇〇九年に政界を引退。元参院議長の河野謙三は叔父。外務大臣の河野太郎は長男。

★6…谷垣禎一（1945-）京都府出身。自民党の衆議院議員。いくつかの閣僚を歴任した後、民主党政権時に自民党総裁。父は元文部大臣の谷垣専一。

★7…岸田文雄（1957-）東京都出身。自民党の衆議院議員。閣僚経験が豊富で、党の役職も歴任している。父は元中小企業庁長官の岸田文武。

★8…小渕恵三（1937-2000）群馬県出身。自民党の衆議院議員。元内閣総理大臣。竹下内閣の官房長官時代、「平成」の元号を発表したことで注目を集め

（一九九七年設立）の中心メンバーになったり、日本会議を支援する目的の「日本会議国会議員懇談会」に関わるなど、タカ派の色を濃くしていきます。

安倍は、タカ派の歴史観を奥野ら重鎮から「英才教育」され、仲間を増やして力をつけ、前述したようにイエスマンの新人を公認して自分の主義・主張に文句を言えない議員を仲間に集め、現在に至っているように思います。

イエスマンの典型例が、本書でさんざん話題になっている杉田水脈議員や実力が伴わないまま大臣職を得られた稲田朋美議員でしょう。つまり、安倍首相のやっていることは、自分と思想・信条の合う人を議員に引きいれ、そういう人を役職に登用することによって、自己を強化していくことなのだと言えます。

いま述べたような自民党と歴史修正主義のつながりが、現在のようなネット右翼のごとき言動を国会議員が安直におこなう理由であると僕は考えています。

右派のエポックとしての一九九七年

安田　一九九六年から九七年というのは、「つくる会」が結成されたり日本会議が立ちあがったりした時期です。僕はこの時期を、歴史修正主義のエポックだと考えています。

倉橋　僕もそう考えています。

安田　その直後に自民党が変わっていったという倉橋さんの議論に、僕も同意します。名前が出た両派閥をわかりやすい言い方で説明すると、宏池会はダーティなハト派であ

る。父は元衆院議員の小渕光平。次女は衆院議員の小渕優子。

★9…森喜朗（1937-）　石川県出身。自民党の衆議院議員。元内閣総理大臣。二〇〇〇年、小渕首相の病死により後継の首相となったが、一年後に退陣。

★10…福田赳夫（1905-95）　群馬県出身。自民党の衆議院議員。元内閣総理大臣。佐藤栄作の後継者ポストを田中角栄と争った（→角福戦争）。元首相の福田康夫は長男。

★11…福田康夫（1936-）　東京都出身。自民党の衆議院議員。元内閣総理大臣。元首相の福田赳夫は父。

★12…安倍晋太郎（1924-91）　東京都出身。自民党の衆議院議員。岸信介の娘婿。閣僚や党役

り、清和会はクリーンなタカ派になると思います。この二つが自民党のなかで勢力争いをすることによって、バランス感覚が働いてきた。

ところが、九六年を過ぎたころから、ダーティなハト派の役割が低くなり、言ってしまえば必要とされなくなってきた。その理由のひとつとして、旧来の自民党がおこなってきた利益誘導型の政治というものが、支持されなくなってきた現実があります。高度経済成長期には、利益誘導が重視されました。ところが、経済が成熟していくのにつれて、支持者に対して利益誘導を訴えるよりも、国家のことや国防のことを強調してナショナルな言説で訴えるほうが票を獲得できるようになっていったのですね。

こうして自民党の内部の体質が、倉橋さんが説明してくれたように、九六年を過ぎたころから変わっていった。

ハト派の政治家で言えば、古賀誠[★18]や野中広務[★19]、山﨑拓[★20]らの名前が浮かびますが、いずれもダーティなイメージを抱えている人でしょう。じつは昨年、僕はこの三人に対して、沖縄に関しての取材をしています。

いまの自民党の人たちは、沖縄に対して冷淡な態度をとっていると思います。そして、いま名前をあげた三人も、自民党員として沖縄に米軍基地を定着させたという意味では「戦犯」なのかもしれません。とはいえ、この三人には沖縄への強い思いがありました。

たとえば野中広務。僕が「なぜ野中さんは、沖縄にこだわっているのですか」と質問したところ、彼はこう答えました。野中は京都出身なのですが、沖縄戦では京都出身者がたくさん亡くなっています。その慰霊塔を建てるため、五三年に初めて彼は沖縄に足

員を歴任し、首相の座を目前にして病死。父は元衆院議員の安倍寛。次男は首相の安倍晋三。

★13…三塚博（1927-2004）　宮城県出身。自民党の衆議院議員。運輸相のときに国鉄分割民営化を進めた。

★14…町村信孝（1944-2015）　静岡県出身。自民党の衆議院議員。

★15…細田博之（1944-）　島根県出身。自民党の衆議院議員。父は元運輸相の細田吉蔵。

★16…加藤の乱　二〇〇〇年、自民党の加藤紘一が山﨑拓らとともに、野党が提出した森喜朗首相に対する不信任決議案に賛成もしくは欠席すると宣言した出来事。加藤らは、最終的にはその動きを断念するも、翌年の

を運びます。那覇空港からタクシーで嘉数《かかず》の丘に向かいました。この丘は激戦地の一つで、普天間《ふてんま》を見下ろすことができます。

嘉数の丘に到着する直前に、タクシーが急に止まったそうです。野中が運転手に「どうして、ここで止めるのですか？」とたずねると、運転手は「ひさしぶりにここに来ました。じつは、この場所で私の妹が死んだのです」と言って手を合わせている。野中も一緒に手を合わせました。そして野中は、「激戦地でしたからね。あなたの妹さんは米軍に殺されたのですね」と運転手に言うと、「いいえ、私の妹を殺したのは日本軍です」という答えが返ってきた。

このことに野中は強いショックを受けます。沖縄戦の犠牲者には、米軍に殺された人だけでなく、日本軍に殺された人もいるということを知ったからです。「それ以来、日本人の責任として、私は沖縄に関わりつづけなければならない、と考えるようになった」と野中は僕に言いました。

これは野中によって多少の誇張も加味された美しい物語なのかもしれません。それでも、言葉にして発するということは、野中の沖縄への思いをあらわしていると僕は思っています。その証拠に、野中は五三年以降、取り憑かれたように沖縄に関わっていくことになります。米軍の不発弾が爆発したときも、米軍による海水汚染があきらかになったときも、野中は真っ先に沖縄に飛び、土下座をして地元住民に謝罪していました。うがった見方をすれば、これも政治的なパフォーマンスなのかもしれません。しかし、いまの自民党の議員で、同じことをする議員がいますか。

小泉政権誕生の布石になったと言われている。

★17…奥野誠亮（1913-2016）奈良県生まれ。自民党の衆議院議員。タカ派の議員として知られた。長男の奥野信亮は元衆院議員。

★18…古賀誠（1940-） 福岡県生まれ。自民党の衆議院議員。二〇一二年に政界を引退。

★19…野中広務（1925-2018）京都府出身。自民党の衆議院議員。

★20…山﨑拓（1936-） 現在の中国・大連市出身。自民党の衆議院議員。二〇一二年に政界を引退。

つづいて古賀誠。彼は六月二三日の慰霊の日には必ず沖縄を訪ねます。それも毎年欠かさず。なぜその日に沖縄を訪ねるのか、僕は古賀にたずねました。すると彼は「怖いからです」という予想外の答えを返してきました。何が怖いのか。もう一度、同じ質問をする僕に、彼は「戦争を忘れてしまう自分が怖いからです」と答えたのでした。

自分は年齢を重ねてきた。すると、沖縄で何が起きたのか、日本が沖縄に何をしてきたのか、ということを忘れてしまうかもしれない。だから、忘れないために沖縄に通うと古賀は言うのです。古賀の父はレイテ沖で戦死しています。だから遺族会の会長をやったりもした。そして、戦争で肉親を失ったという重みが、古賀のなかにはある。

野中も古賀も、ダーティなことをたくさんやってきたと思います。ダーティではあるものの、戦争を知り、戦争の悲惨さを繰りかえしてはならないという思いがある。そこが昔ながらのハト派の彼らと、いまの保守派議員とが一線を画している部分だと僕は思います。

ダーティなハト派が次つぎに政界から離れ、クリーンなタカ派が台頭した結果として、国会議員が安直に歴史を否定してしまう現在のような状況が生まれている。僕はそう考えています。

自民党のメディア戦略とネット右翼

安田　自民党とネット右翼とのつながりを考えるときに、どうしても思いだしてしまうのが、自民党が国政選挙の最終日に東京・秋葉原で演説をおこなうようになったことです。二〇一二年以降、自民党の国政選挙では、マイク納め（最終演説）の地が秋葉原になりました。

僕は、自民党の遊説局に「なぜ国政選挙の最終日に秋葉原で演説をするのか」と取材したことがあります。担当者はこう答えました。昔は新宿や渋谷、池袋などの大きなターミナル周辺でやっていたが、いまは秋葉原に変えた。その理由のひとつは、一二年の自民党総裁選の最終日に安倍晋三が秋葉原でマイク納めをやったら、聴衆の反応がよかった。そのときの演説で、安倍は初めて「日本を取りもどす」と言い、瞬間的に聴衆が盛りあがった。よって、秋葉原という場所は、演説をすると熱狂的な反応が返ってくる場所と位置づけるようになった。

僕は、この秋葉原でマイク納めをするという点に、自民党のある種の転換点が透けて見えるような気がします。秋葉原だからといって、聴衆がオタクばかりだなどと言うつもりは一切ありません。それでも、「自民党→秋葉原→ネット右翼」という図式を考えずにはいられないのです。

ちなみに、在特会の本部があるのは秋葉原です。

倉橋　秋葉原でのマイク納めの背景には、自民党のメディア戦略の変化があったと思います。小泉純一郎が首相の〇五年に、郵政民営化を宣伝する戦略のひとつとして、「B層」の支持を得るという戦略が漏れて、話題になりました。B層というのは広告会社が提案した国民の分類のひとつで、ＩＱが低く、具体的なことはわからないままに小泉の

★21…B層　自民党と関係のあったPR会社有限会社スリードとオフィスサンサーラが郵政民営化のプロモーションを提案した「郵政民営化・合意形成コミュニケーション戦略（案）」という資料にあったもの。同戦略は当時の民主党から多くの批判を受けた（西田亮介『メディアと自民党』角川新書、二〇一五年を参照）。

ようなキャラを支持するような人びとのことです。[21]

小泉はメディアを非常にうまく使った首相で、「自民党をぶっ壊す」「抵抗勢力」などサウンドバイトのよい言葉をもちいて「劇場型政治」「ワンフレーズ・ポリティクス」「小泉マジック」などと称されました。しかし、それは小泉個人の資質に依存する部分が多く、自民党の戦略とだけ位置づけるのはむずかしい。だが、他方で清和会を表舞台で引っぱったのはまちがいなく小泉です（裏方は森喜朗でしょうか）。

当時の自民党は、〇四年の参院選挙で民主党が躍進し、選挙に対する危機感を持っていた。そういう背景があり、本格的に対策に乗りだし、官邸予算でコミュニケーション戦略チームを作り、さらにPR会社のプラップジャパンと契約します。

そのあたりから自民党はメディア対策を重視するようになったと言われています。まさにネットが一般に普及した時期であり、政党がネットを宣伝媒体として意識しはじめた時期でもあります。

安田　いずれにしても、自民党のマイク納めを取材すると、在特会や他のネット右翼もたくさん足を運ぶし、ごりごりの自民党支持者も来る。ネットで自民党を支援する組織の自民党ネットサポーターズクラブ[22]（J－NSC）のメンバーは、「のぼり」を持つなど、活躍しています。

また、秋葉原でマイク納めをやるようになって、光景として何が変わったかというと、聴衆がJ－NSCが配る日の丸の小旗を持つようになったことがあげられますね。渋谷や新宿、池袋では配られていなかった。安倍政権になってから秋葉原で日の丸の小旗が

★22…自民党ネットサポーターズクラブ　略称はJ-NSC。「自民党を熱烈に応援する人だけでなく、他に日本を託せるところがないからという人、自民党の議員個人を応援する人、日本の未来に不安を感じている人など、『何か行動しなきゃ！』と思っている人のための組織」で、入会資格は「日本国籍を有する一八歳以上の方（自民党籍の有無は問いません）」（以上、J-NSCのウェブページより）。会費は無料。

振られるようになったというところに、象徴的な自民党の変化が見られるし、そこにひそむ狙いのようなものも見えると思います。

倉橋　自民党がネット戦略に乗りだしたのは、小泉政権でメディア対策を担当した世耕弘成[★23]議員が戦略チームに就いてからだと言われています。

〇五年の郵政選挙時、有権者はあまり郵政民営化に興味を持っていなかったわけですが、自民党は「郵政民営化TVキャラバン」をおこない、物量重視の広報戦略を採用しました。しかし、この間の広告産業とのずぶずぶの関係、既出の「B層」という呼び方、タウンミーティングのやらせ、高額の内閣・政府広報費の問題が野党議員から批判をされます。

このころから、世耕が戦略チームとともに自民党の広報を立てなおし、テレビ出演者の選定を精緻化させていく。そして、自民党が民主党から政権を奪取した翌年一三年のネット選挙解禁で、現在の広報戦略の手法が確立されていく。

その前段階でネット上のゆるやかな保守層、あるいはファンを組織として組みこもうとして作ったのが、前述した一一年創設のJ－NSCでした。この組織は、ボランティアで自民党に投票するというような直接行動ではなく、共感や情報の拡散をサポートするものです。そうした行為をメディア論では「エンゲイジメント」と呼びます。SNSで「いいね！」をしたり「RT」するように、関与したり貢献することを指す意味の言葉です。これらはその後の選挙で、マスメディアとは異なるフィールドで自民党の広報戦略として効いていています。

★23…世耕弘成（1962-）　大阪府出身。自民党の参議院議員。小泉政権の時代から同党のメディア戦略を担当。どのような戦略がとられたのかは、鈴木哲夫著『政党が操る選挙報道』（集英社新書）に詳しい。また、J-NSCを組織した。一九九八年、同党の議員で元自治相の叔父（世耕政隆）の死去に伴っておこなわれた参院補欠選で、叔父の地盤を引き継いで初当選。

しかし、今後のことを考えると、こうした自民党の広報戦略にもやや「怖い」部分があると感じます。それは、『原発プロパガンダ』（岩波新書、二〇一六年）を書いた本間龍★24が『メディアに操作される憲法改正国民投票』（岩波ブックレット、二〇一七年）で警鐘を鳴らしている内容に通じます。

海外の国民投票だと宣伝・広告には一定のルールがある場合が多い。公共に与える影響を基準に、新聞や雑誌での宣伝はよいがテレビでの宣伝は禁止したり、宣伝は第三者機関が認めたもののみを媒体に載せてよい、というようなルールですね。だが、日本の憲法改正の国民投票にはそれがありません。

もし憲法改正の国民投票が実施されると、自民党が有利にことを進めるのは必然だと彼は言っているんですね。議員数にもとづいて国庫から交付される政党交付金と企業献金を合わせた二五七億円（二〇一五年度）という額は、自民党がもっとも多い。

たとえば、日本の民放テレビのCM枠は、電通がその三割くらいを押さえている。自民党は電通と仲がよい。さらに、電通に民放テレビのCM枠を押さえてもらうには、放映の三カ月前に申しこまないと間に合わない。申しこみとCM制作には、準備時間と多額の資金が必要になる。

自民党は、自分らの判断で国民投票の日程を決めることができるので、三カ月前から申しこみの準備ができる。その結果、日程を知った野党がCM枠を買おうとしても、すでに買い占められているという状況が起こりえるそうです。テレビCMにくわえて、その資金力にものを言わせてネット広告を打った場合、その効果は計りしれないものにな

★24…本間龍（1962-）　東京都出身。ノンフィクション作家。元博報堂の社員。著書に『電通と原発報道』（亜紀書房）、『原発プロパガンダ』（岩波新書）など。

るかもしれない。
民意を問うための選挙や国民投票であるにもかかわらず、ある意味では、広報戦略においては自民党に有利な言説空間ができあがるということなのです。

安田 いま倉橋さんは国民投票の事例をあげてくれましたが、沖縄でも辺野古新基地建設の賛否を問う県民投票が実施されます。地元の若者を中心に手続きが進められ、さまざまな議論もありましたが、投票に必要な書名が集まりました。民意をあらわすものとして、僕はこの県民投票に期待しています。
ところが、県内の一部自治体では、これに「参加しない」と表明するところが出てきました。いずれも新基地建設を容認する首長のいる自治体です。おそらくは「負け戦」を察知したうえでの決断なのでしょうが、これは民主主義を否定する行為であると思います。

リベラル派与党議員の「いまは官邸に抗えない」という声

倉橋 二〇一八年八月二九日の「日刊ゲンダイ DIGITAL」が報じていますが、一八年の自民党総裁選を前にして安倍晋三を礼賛するような本が数多く書店に並べられています。前回の総裁選でも、同じことが起きていました。
昔の自民党であれば、内閣官房機密費を使って、年間数百万円を支払ったうえで、御用学者や御用ジャーナリストに政治家の礼賛本や政権擁護の記事を書かせるというよう

★25…ドナルド・トランプ（1946-）　ニューヨーク出身。実業家。二〇一六年、大統領一般投票でヒラリー・クリントンと接戦となった末、第四五代アメリカ合衆国大統領に。

★26…佐川宣寿（1957-）　福島県出身。財務省理財局の元局長。二〇一七年、森友問題に関する衆院予算委員会で政府参考人となり、正確ではない答弁を度重なっておこなった。翌年の証人喚問では自身の責任を認めながらも、議員らの質問に対して「刑事訴追の可能性」を示唆したうえで議員らの質問への回答を五五回拒否した。

なことを平気でやっていました。それがいまもやられているのかどうかは、よくわかりませんが。やっていなければ、書店に礼賛本が並ぶようなことはありませんよね。でも、最近のほうがメディア戦略がソフィスティケートされているようにも感じます。

　アメリカのドナルド・トランプ★25大統領にも言えることですが、批判しつつ、利用しつつ、バランスを取りながら、自民党はメディアとつきあっているように見えます。また、これを書いたら情報はあげないぞ、と忖度させつつ、ときにはこれまでには重要視されていたはずのテレビ媒体の梯子をはずし、ターゲットを絞りやすいネット媒体のニコニコ動画の党首討論に安倍首相が生出演したりする。

　森友・加計問題の証人喚問（籠池泰典と佐川宣寿★26が対象）で、自民党が出してきた質問者は、政策通だとか専門性が高い人ではなく、メディアで顔が売れている丸川珠代★27議員や青山繁晴★28議員らでした。メディアを意識していることの証左だと言えます。

安田　自民党のなかにもしっかりした人がいると、僕は期待したい。主義・主張や思想の幅が広いところこそ自民党のよさで、派閥同士でバランスを取りあうのは健全な姿だとも思ったりします。

　だがしかし、もはやその期待は持たないほうがよいのかもしれません。國場幸之助★29という沖縄選出の自民党衆議院議員がいます。酔って喧嘩をしたり、不倫ＬＩＮＥで話題になったりしてますが。彼は國場組という沖縄大手ゼネコンの御曹司で、もともとはリベラルな人です。一五年に「過去を学び『分厚い保守政治』を目指す若手議員の会」を立ちあげ、自民党の歴史修正主義的な部分にメスを入れようと意気ごんでいました。

★27…丸川珠代（1971-）　兵庫県出身。自民党の参議院議員。二〇〇七年、テレビ朝日のアナウンサーを退職して参院選に出馬し、初当選。

★28…青山繁晴（1952-）　兵庫県出身。自民党の参議院議員。共同通信社の記者、三菱総合研究所の研究員を経て、独立総合研究所を設立。二〇一六年、参院選の比例区で出馬し、初当選。その後、同研究所の社長を退任。

★29…國場幸之助（1973-）　沖縄県出身。自民党の衆議院議員。同党の武井俊輔や石崎徹と勉強会「過去を学び〝分厚い保守政治〟を目指す若手議員の会」を立ちあげて、共同代表世話人に。米軍基地の辺野古移転には一貫して反対していたが、二〇一三年に容認する意向を発表。

基地の辺野古移設にも反対し、それを公約にして選挙を戦ってきました。そんな彼が、あるとき首相官邸に呼ばれて、「今後は移設に反対するな」と恫喝された。反対しつづけるなら選挙支援をしないとまで言われ、泣く泣く受けいれました。この出来事は、「現代の琉球処分」とも言われています。

そう言われても、彼はいまでも内心では辺野古移設反対の立場にあるのかもしれません。「処分」のあとで僕が彼にインタビューしたときに、彼は「辺野古に関しては、いまは何も言えません」と答えました。質問を変えて、いまの安倍政権についてどう思うか、たずねてみました。すると彼はこんなエピソードを教えてくれました。

数年前、自民党と経済界が合同でおこなったパーティがあった。席上で彼に話しかけてきたのは、財界のなかでも右翼的体質で知られ、歴史修正主義的な本の著作もある、某大企業の役員だった。その役員が彼に「沖縄と韓国は、ろくなもんじゃないな。沖縄県民と韓国人は似てるよ。文句しか言わんだろう」と一方的に言って、去っていったそうです。

沖縄を侮蔑されたと同時に、韓国をもおとしめた発言を聞いた彼は、くやしくて仕方がなかったと言います。そして、ヘイトスピーチのようなことを平気で言うような人が、自民党の有力な支持者として安倍晋三のまわりにいる。さらに、そうした人びとの歴史観に自民党が引きずられている。彼は大きな危機感を抱いたそうです。

かといって、その危機感を自民党の党本部に伝えることができるのかと僕が問うと、彼は「伝えられる雰囲気ではない」と言うわけです。彼にとっては、僕の質問に答えたように、メディアにちょこちょこと情報をリークするくらいが、いま精一杯のできることなのです。

自民党のなかには、國場のような本音では安倍政権と距離をおきたいと考える議員がいるにはいます。彼らが党内できちんとものを言えるような環境が作れないか。彼らの考えを尊重するような派閥があらわれ、党内のリベラル勢力をバックアップするような状況にならないか。そのへんの動きに、僕は一縷《いちる》の望みを持ってはいます。

「そこまで言って委員会」を考える

倉橋　先ほど、自民党がメディア戦略を重視している話をしましたが、対談の終わりにテレビ番組と右派の関係について考えていこうと思います。

読売テレビで放映されている「そこまで言って委員会NP」（以下、「委員会」）という番組があります。レギュラー番組になったのが二〇〇四年で、もとはやしきたかじん★30というタレントの冠番組「たかじんのそこまで言って委員会」★31でした。たかじんが亡くなった一五年からは「そこまで言って委員会NP」（以下、「委員会」）という番組名になりました。関西を中心にしつつ、東京を除く全国のローカル局で放映されています。

この番組は、パーティシペーション・プログラム（PT番組）と言って、基本的に固定のスポンサーを設けていません。普通の番組だとオープニングやエンディングで企業名が出て、「〜の提供でお送りしました」というナレーションが入ったりします。「委員

★30…やしきたかじん（1949-2014）大阪府出身。歌手、タレント。歌手としては「やっぱ好きやねん」や「東京」などがヒット。タレントとして数多くの番組をヒットさせたが、特に「たかじんnoばぁー〜」と「たかじんのそこまで言って委員会」は高視聴率を稼いだ。

★31…たかじんのそこまで言って委員会　読売テレビ（＝よみうりテレビ）のバラエティ番組。同テレビとボーイズとの共同制作。二〇〇三年からレギュラー放送開始。政治や経済からサブカルチャーまで、さまざまな問題について複数の出演者で討論するスタイル。やしきたかじんの没後、一五年から番組タイトルを「そこまで言って委員会NP」に変更。

会」にはそれがなく、スポットCMのみが流されます。パーティシペーションにすると、どうなるのか。番組内容がスポンサーの意向に左右されなくなります。つまり、番組を制作しているテレビ局やプロダクションが、ある意味ではやりたい放題の番組ができるわけです。

そういう意味で、「委員会」は一般のバラエティ番組よりも、出演者が好き勝手なことを発言する傾向にある。「だからこそ」なのか、日曜日の一三時三〇分から九〇分の番組であるにもかかわらず、平均して一〇～一五％の視聴率を得ています。

この番組をテレビ局と一緒に制作しているのはボーイズ[★32]という番組制作プロダクションで、たかじんとは「たかじん no ばあ～[★33]」という番組から関わりだしたようです。その後、たかじんがボーイズと組んで制作したのが「たかじんのそこまで言って委員会」で、たかじんや出演者の歯に衣着せぬ過激な物言いがウケて関西発のお化け番組へと成長していきました。政治的には保守系に偏り、出演者の顔ぶれも右派色が濃いです。バラエティ番組でありながら、安倍晋三が数多く出演していることでも有名です。

この番組の注目すべき点は、「在阪メディア」であるという点だと僕は考えています。大阪のメディア、とりわけ民放テレビ局の報道局には政治部がなく、政治のニュースは社会部の人たちが担当するのですね。そのへんの事情は、『誰が「橋下徹」をつくったか』（140B、二〇一五年）で松本創[★34]がくわしく説明しています。ようは、在阪メディアには、アンチ東京的な考え方があると言うことです。その結果、関西の風土とも言える「はっきりモノをいう」「ぶっちゃけ」「本音トーク」などは芸能ニュースなどで非常に

★32…ボーイズ　テレビ番組の制作会社。おもに、やしきたかじんが関わる番組の制作をおこなっていた。現在は、「そこまで言って委員会NP」とDHCテレビの「ニュース女子」などを制作している。

★33…「たかじん　no　ばあ～」　やしきたかじんが司会を担当した読売テレビのトーク番組。一九九二年から九六年まで日本テレビ系列のテレビ局で放送された。深夜番組であるにもかかわらず視聴率が高かった。制作には番組制作会社「ビデオワーク」のスタッフが関わっており、その後、同社のスタッフが中心となって「ボーイズ」が設立された。

★34…松本創（1970-）　大阪府出身。ライター。神戸新聞の元記者。著書に『誰が「橋下徹」

好まれ、その政治版が「委員会」という位置づけにされているかと思います。

　一八年七月二〇日に僕は「委員会」を観覧にいきました。ケント・ギルバートや竹田恒泰[★35]ら右派論客が出演するなど、いつもどおりの布陣でした。でも、大きく変化したことがあります。プロデューサーが交代した直後でした。番組制作プロダクションＡＺＩＴＯの井関猛親[★36]という、番組に安倍首相を呼ぶなど右派的な番組作りを好む人から、局のプロデューサーに変わったのです。おそらく、「ニュース女子」（ＤＨＣテレビ）のＢＰＯ（放送倫理・番組向上機構）への訴えなどもあり、読売テレビがコンプライアンスを重視した結果だと考えられます。

　この交代により、露骨なくらい番組のトーンが変わりました。政治色が薄くなり、娯楽色が濃くなる。議論の仕方も内容も「ビートたけしのＴＶタックル」（テレビ朝日、一九八九年〜現在）のようにスマートなものになってきた。つまり、テレビ番組というものはプロデューサーの交代などの状況次第で内容が変わるということを、僕は目の当たりにしました。もちろん、今後どうなるかはなりゆきに注目するしかありませんが。

　僕が観覧した日は、田嶋陽子[★37]が出演していました。これも毎度のことですが、布陣のなかにリベラル系は一人か二人しかいません。この日は田島だけで、あとは保守系の出演者だったので、議論が右に偏りがちだったことは否めません。番組の内容を変えようとしても、出演者のブッキングが偏っていたら、右派色あるいは保守的な規範はなかなか消えないのではないかと思ったりしました。

　ところで、製作者の背景については、西岡研介[★38]の「関西テレビ界に蔓延る『チーム殉

をつくったか』（１４０Ｂ）、『軌道』（東洋経済新報社）など。

★35…竹田恒泰（1975-）東京都出身。右派の論客。著書に『笑えるほどたちが悪い韓国の話』（ビジネス社）、『天皇は本当にただの象徴に堕ちたのか』（ＰＨＰ新書）など。

★36…井関猛親　テレビ番組制作会社のＡＺＩＴＯ代表。

★37…田嶋陽子（1941-）岡山県出身。女性学研究家、フェミニスト、歌手。社民党の元参議院議員。著書に『愛という名の支配』（講談社＋α文庫）、『もう男だけに政治はまかせられない』（オークラ出版）など。

愛』の闇」(『フェイクと憎悪』大月書店、二〇一八年)に書かれていますが、結局「たかじんのどこまで言って委員会」は「たかじんというコンテンツ」任せの番組であり、番組を作っていたボーイズもたかじんというアイコンに頼りきっていた側面があるようです。しかし、たかじんが亡くなってからの「委員会」には、局やボーイズら製作者サイドにも「たかじんがなくともやっていける」という自信があり、右派論客を集めて「放送の限界に挑む」「過激な本音トーク」自体をウリしていったわけです。

途中、百田尚樹の『殉愛』騒動の余波で、「委員会」を担当していたボーイズの社員のうち二人が東京進出し、うち一人はDHCテレビの取締役に招かれ、「ニュース女子」を手がけることになります。

★38…西岡研介(1967-)大阪府出身。ジャーナリスト。元神戸新聞の記者、「噂の真相」、「週刊文春」、「週刊現代」を経てフリーに。『マングローブ』(講談社)で講談社ノンフィクション賞。著書に『襲撃』(朝日新聞出版)、共著に『百田尚樹「殉愛」の真実』(宝島社)など。

「本音トーク」と「ぶっちゃけ」の危うさ

安田 ネット右翼的な番組と在阪メディアの関係は、注目すべきポイントだと僕は思っています。

倉橋さんが指摘するように、在阪メディアは「アンチ東京」を旗印にしているという前提があります。報道にしてもバラエティにしても。東京のメディアでなされているような上品な議論ではなくて、ストレートかつリベラルな議論を好んでいた時代の在阪メディアを、僕は高く評価していました。反権力という意識も強く見られましたし。

しかし、いまは「本音トーク」とか「ぶっちゃけ」という表現に代表されるような、なんでもありの番組作りが関西ローカルの特徴となっています。「本音トーク」や「ぶっちゃけ」は、「差別して何が悪いんだ」という発想に直結します。

「朝鮮人って、悪い人たちだよね」

「戦後民主主義で守られてきた弱者って、じつは弱者ではないよね」

そんなことを無配慮に言えてしまうのが「本音トーク」や「ぶっちゃけ」であり、人間の醜悪な本心をテレビの前でさらすことが、在阪のテレビ局の「よい部分」だと思われている節があります。アンチ東京が「アンチきれいごと」というかたちに変換され、差別や排除も許容されてしまっているのが実情です。これは大きな問題で、とくに平均視聴率が一〇%と言われる「委員会」のような番組が、そういうスタンスで放映されつづけることは、害悪以外の何ものでもありません。

テレビがダメになっていくことについては、出演する右派の論客や視聴者としてのネット右翼だけを責めるわけにはいきません。テレビ関係者が差別や排外主義に対して、きちんと反対してこなかったうえ、それをスマートな姿勢だと勘違いしているところが問題です。

最近のテレビ局の姿勢を示すエピソードがあります。一六年一〇月に辺野古で、基地建設に反対する人びとに対して大阪府警の機動隊員が「土人《どじん》」と発言し、大きな騒ぎになりました。このとき、僕は沖縄に滞在していました。

ＡｂｅｍａＴＶ（＝テレビ朝日）から連絡があって、土人発言について現地レポートをしてほしいと要請がありました。僕は取材でSkypeでレポートをすることになります。東京のスタジオには、テレビ朝日の局アナウンサーやいわゆる〝識者〟と呼ばれる人たちがスタンバイしていました。

土人発言が現地で大きな問題になっていることや、沖縄人が土人と呼ばれることに拒否感を抱くことについて歴史的な意味などを、僕は簡単に説明します。説明しながら気になったのは、スタジオの反応が冷ややかなことです。

そして、僕の話が終わるとスタジオの人たちが一斉に、「沖縄が本当に、安田さんの言っているような状況になっているのか？」と言いだしました。僕は驚きました。スタジオにいる人たちの多くは、僕も顔や名前を知るリベラル系の人びとでした。少なくとも、安倍政権を無条件に肯定するような人はいません。なぜ、僕のリポートに疑念を抱くのだろう……。

つづいて、スタジオ出演者の一人が僕に問いかけました。「安田さんは『沖縄差別がある』という前提で話しているけれど、いまは沖縄差別などありませんよね」と。くわえて「僕のまわりの人は、けっこう沖縄に行っています。みんな沖縄の青い海が好きだし、音楽も、食事も、ファンが多いのではありませんか」と彼はつづけました。そして、土人発言は沖縄に対する偏見から生まれたのではなく、柄の悪い機動隊員の一部が暴発しただけなので、沖縄差別とは関係ないとまで言うのです。

彼の発言には、恐ろしさを感じました。沖縄を、たとえば在日コリアンという言葉に入れかえるとどうなるか。「韓国人に対する差別はない。なぜなら旅行で韓国に行っているし、韓流ドラマも観るし、焼き肉も好きだから」という話になってしまいます。

「韓国が好き」ということと「韓国に対する差別」は、ときに心のなかで同居するものです。

そんな当たり前のことに配慮もせず、「沖縄差別はない」と言いきってしまえるような人を出演させるテレビという媒体に、僕はある種の恐怖を感じたのでした。

倉橋 沖縄差別がないという発言は、歴史の否定につながっているように思えます。

ネットもそうですが、テレビも文脈を維持しづらいメディアです。決まった日付の決まった時間に、毎回同じ番組を見るという視聴者のほうが珍しく、普通は気が向いたときにテレビをつけて、たまたま映った番組を見たりするほうが多いでしょう。

「委員会」の話に戻すと、ある人が番組で言いたい放題のことを言って、その発言内容を気にかけ、前回までのその人の発言を検証しようとする人はほとんど皆無でしょう。つまり、出演者には発言の一貫性が求められないわけです。その場しのぎで、おもしろかったり刺激的である発言をすることが、出演者に求められるパフォーマンスとなってしまう。

歴史を否定する人びとにどう抗っていくか

倉橋 さて、歴史修正主義的な言説を垂れながすネット右翼や保守系、そして右派の人びとについて、また彼らがいかに歴史を歪め、人を排除しているのかについて議論してきました。では、僕らは彼らに、どう抗っていけばいいのでしょうか。

本書で話題になった杉田議員のような国会議員が差別的・排除的な発言をした場合、杉田議員に直接抗議をしてもこの流れそのものは変えられないのではないかと思わずにはいられません。であるからこそ、杉田議員を公認し、党員としている自民党に対してこそ強く抗議する必要があると思っています。

日本国憲法に定められているとおり、「全国民を代表する選挙された議員」が国会議員です。そして、国会議員の候補者を選挙時に公認し、応援し、当選までの面倒を見て、当選後は党の主義・主張を国政に反映するためのメンバーとして管理するのが政党なのですから。

メディアに関しては、これまで議論してきたように歴史修正主義的な言説や排外主義的な言説が、ビジネスのツールとして成立してしまっている現状があります。テレビも書籍も新聞も、ネット右翼的なコンテンツを望むユーザーを対象にしたビジネスが、もはや大手を振っておこなわれはじめています。

杉田議員の「LGBT支援の度が過ぎる」という主張とその批判的な反響に対して、『新潮45』は二〇一八年一〇月号で「そんなにおかしいか『杉田水脈』論文」という特別企画を立てました。寄稿したのは、藤岡信勝、小川榮太郎[★39]、KAZUYA[★40]、潮匡人[★41]など計七名で、保守論客だらけです。いずれの論考も杉田議員の主張を擁護しながら、自らの主張を展開するというスタイルでした。そして、この企画の文章自体が再び大炎上して、この号は完売しました。

結局のところ、炎上商法は成功してしまっているわけです（ただし、『新潮45』のこの一

★39…小川榮太郎（1967-）東京都出身。文芸評論家。日本平和学研究所代表理事。右派の論客。『約束の日』（幻冬舎文庫）、『国家の命運』（幻冬舎）などの安倍晋三を礼賛する本の著者。著書に『徹底検証「森友・加計事件」』（飛鳥新社Ｈａｎａｄａ双書）など。

★40…ＫＡＺＵＹＡ（1988-）北海道出身。ユーチューバー。右派の論客。著書に『ここがへんだよ「反日」韓国』（知的発見！BOOKS、イースト・プレス）、『日本人が知っておくべき「日本国憲法」の話』（ベストセラーズ）など。

〇年間の売り上げは右肩下がりで、現在一号平均一万六千部程度の発行部数)。そして、新潮社はその後、同誌の休刊を宣言します。

こうした差別やヘイトの言説を成立させないための働きかけとして、何かできるのでしょうか。書籍や新聞などであれば前述した不買運動も有効でしょう。テレビやラジオであれば、スポンサーへの働きかけにも意味があります。

たとえば、僕が住む関西には、阪急電車があります。阪急の中吊り広告には週刊誌の広告が一切ありません。「週刊誌の広告にはごくまれに公共の場所にふさわしくない内容が含まれる場合がある」というのが理由です。それによって阪急はブランドイメージを落とさないようにしている。

そういう取りくみを消費者が評価し、評価されることに企業が意味を見いだすような雰囲気を作るのも、今後は大事になってくるのではないでしょうか。

安田　抗うための良薬があれば、この本の初めで読者に知らせていることでしょう。

それでも、倉橋さんが言うように、歴史を否定するような人びとの言説を、単に当人だけの問題として扱わず、なぜその人がそんなことを言うのかという部分にまで焦点を当てて、批判すべきは批判していく姿勢が必要です。

手垢のついた言い方になってしまいますが、他者を属性で差別したり偏見を持つということが社会を壊していくという認識を持つことが大事だと、僕は思っています。

差別されている人はかわいそうだ、と言ってもいいし、思ってもいい。ただし、それで終わってしまうと、いまの社会を修復するには至らないだろうと僕は考えています。

★41…潮匡人(1960-)　青森県出身。評論家。航空自衛隊を三等空佐で退官し、シンクタンク勤務、大学教員を経て現在に。右派の論客。著書に『ウソが栄えりゃ、国が亡びる』(ベストセラーズ)、『護憲派メディアの何が気持ち悪いのか』(PHP新書)など。

差別を容認することによって、地域が、社会が、人間が壊れていく。これ以上は壊すなと何度でも訴えていく必要がある。

これ以上、社会を壊さないためにも、「差別と偏見は必要のないものだ」ということを、政治的な立ち位置を問わず意識しなければならない。そのために何ができるのか。ここにメディアが介在する余地があります。

しかしながら、メディアがどのように介在したらよいのかという話について、僕にはまだ特効薬のような結論は出ていない。かろうじて書籍についてはヒントになりそうなことを考えたりします。たとえば、差別に反対する側が出版する差別や排除を語るような本に、高価で難解なものばかりである必要はない。繰りかえしになりますが、歴史修正主義・ネット右翼・保守の側はこれまで、内容がないものも含めて、粗製濫造をつづけてきました。とにかく数多く刊行し、流通させる。これに対抗して、リベラル・左派の側も、なるべく質は落とさず、市場を席巻していく体制を作ることも重要ではないのか。

ネット右翼は相手にしてもしょうがないから我が道を行く、などとリベラル・左派の学者や識者が無責任に高見の見物をつづけていたら、世は歴史修正主義・ネット右翼・保守の側に乗っとられてしまうかもしれません。自らのステージを下げて、サブカルなども巻きこみながら、対抗する言説を増やしていく。そんな努力がリベラル・左派の側に必要な時期なのかもしれません。

社会科学や人文科学をきっちり学習するような、高いステージの書籍があってもいい。一方で、そうした学問や社会の諸問題をわかりやすく評論・解説・議論するような目線の低い書籍があってもいい。これまでリベラル・左派の側は、高いステージを主戦場にしてきたけれど、そろそろ一般の市民目線でも戦わないと、歴史修正主義・ネット右翼・保守に対抗できなくなっている。

そうした認識を著者と出版社が共有して目的を実行すれば、いまのような腐った言論事情も変わっていくのではありませんか。

倉橋 安田さんの指摘は、研究者である僕にはずっしりと響きます。

僕が大学の講義で教科書を指定し、学生に買ってもらおうとしても、彼らはなかなか買いません。とりわけ授業で使うような学術書は高額なものが多いですし。僕自身は、高額な学術書ではなく、ブックレットのような安価なものを教材にしたいと思ってはいます。そうなると、僕ら研究者は、ブックレットの仕様で分厚い学術書のごとき内容を記す必要に迫られるとも言えます。それは可能かどうか。

また、安田さんが述べた左派による「粗製濫造」の話を学術業界の感覚で敷衍《ふえん》すると、次のような考えを持たなければなりません。

学術的な出版活動は、あくまで「研究」です。それは、学術的な新奇性が評価のものさしになる領域です。他方で、ブックレットのような安価で手に取りやすいものを時代の喫緊の課題に対応するようにたくさん出版することは、半分くらい「運動」というニュアンスが含まれることでしょう。

学術本は、歴史修正主義の本やヘイト本にたいして価格でもスピードでも勝ることはできなかった。ヘイト本や右派論壇はビジネスであり、運動でもあるからです。仮にそのように考えた場合、「運動としての出版活動」というものへの意識を高めなければならないかもしれません。

「あきらかにおかしい」「まちがっている」「問題がある」ことに対して答えがわかっている（杉田議員の問題のように）のであれば、必要なのは理論よりも運動と言えるでしょう。ただし、運動や答えにつまずいたときには、研究や理論の厚みが必要となってくるのです。この社会における学術の役割は、このどちらにも開かれているはずです。

さらに、僕ら研究者がやるべきことは、まだあるかもしれません。僕らがやれることは、基本的には研究して論文や本を書くことと学生に教えることの二つだけです。ですが、この「研究」というもの、言いかえればアカデミックなスキルというものは、その二つ以外にももっと広く役にたつことがあるという意識を持ったほうがよいでしょう。たとえば、ケント・ギルバートのヘイト本のように、論拠が不明な言いたい放題の本があったら、その毒味役を担当することなどもできるかもしれない。少なくとも論拠の怪しさはわかる。そして、その結果や検証の仕方を、学生や一般の社会に発表していくことは大事です。学術の基礎さえあれば十分に歴史修正主義と戦えるのです。

僕は『歴史修正主義とサブカルチャー』という本を書きましたが、この本を書くのにあたって、むずかしい理論や研究の技術、技法、数式、図式など、いっさい使っていません。もちろん、書いたことの根拠や証拠は示しますが、基本的には資料に語らせるというシンプルな手法を採っています。

なぜそのような方法を採ったのか。理由は二つあります。一つは、先に述べたようなものごとを考える際の基礎・基本があれば、歴史修正主義の主張はおかしいものだと気づくことができます。それらの問題は、内容ではなく手続きの問題だったからです。

もう一つの理由は、最低限の手続きにおいて誤りを犯している右派・ヘイト・歴史修正主義の本に対して、彼らの考えをむずかしい理論で分析したり、新しい知見や現象として学術的概念を与えてしまうことは、彼らを格上げしてしまうことにほかならないと考えるからです。

まちがっているものを格上げする必要はありません。もちろん、今後も学術界において彼らに対して分析的概念がもちいられる場合もあると思います。しかし、それは個別具体的なものにではなく、よりマクロな視点から現在の現象を捉えるとき、ということになるでしょう。

いずれにせよ、本書で述べてきたように、歴史修正主義・ネット右翼・保守の言説は社会を飲みこむ勢いであることを認識し、リベラル・左派の人びとは、正しい認識のもとに対抗しうるアイディアを蓄積していく必要があると思っています。

おわりに　安田浩一

二〇一八年末、私は各地の外国人労働者集住地域を回っていた。その少し前に、外国人労働者の受けいれ拡大を狙いとする改正入管法が国会で成立したばかりだった。

政府は経済界の要望に応えるかたちで、新しい在留資格を設け、単純労働分野における〝働き手不足〟への対処をはかった。事実上、移民国家へと舵を切ったことになる。

この動きを、いま日本で働いている外国人がどのように受けとめているのか。それが取材の目的だった。

外国人労働者の支援組織が運営する岐阜県内の〝シェルター〟では、さまざまな事情で職場から逃げてきた一四名の技能実習生が生活していた。中国、ベトナム、カンボジア、フィリピンなどから来日した実習生たちは、口をそろえて訴えた。

「まずは私たちを人間として扱ってほしい」

カンボジア人の女性は、基本給が月額六万円、残業時給は三〇〇円だった。しかも預金通帳は会社に管理され、自由に引きだすこともできない。このままでは酷使されるだけで終わってしまうと危惧し、シェルターに逃げこんだ。

中国人の女性は一日に一五時間の労働を強いられていた。しかも休日は月に一度しか許されない。労働基準監督署が調査に入ったが、会社側が示した賃金台帳だけを信用し、女性の訴えには耳を貸さなかった。仕方なく、女性はシェルターに駆けこんだ。

愛知県では日系ブラジル人の労働者たちに話を聞いた。

日系三世の女性は一九九二年に来日し、流暢な日本語を話す。二〇年間、大手自動車メーカーの関連工場で働いてきた。同じ職場でこれだけ長きにわたって勤めていても、いまだ正社員になることができない。

あるとき、会社の上司に訴えた。「これは外国人に対する差別ではないのか」。

上司は何のためらいもなく、こう返した。

「ここは日本だから。我慢するしかないでしょう」

そう、ここは日本。そういう国なのだ。諦めることで今日を乗りきるしかない。でも――。

彼女はため息まじりに漏らした。

「やっぱり納得がいかないんですよ。外国人であるというだけで、キャリアも能力も無視される。結局、私は労働者ではなく、単なる労働力としか見てもらえない。都合よく使われるだけ」

彼女の友人は、妊娠したことを告げただけで、派遣会社から契約を打ちきられた。別の友人は上司からのセクハラに抗議しただけで解雇された。

「日本人であればあり得ないことが、外国人のあいだでは当たり前のように起きています。差別だと訴えても、区別しただけだと返される。嫌なら国へ帰ればいいのだと諭される。どんなに長く住みつづけても、受けいれてもらえないのだなあと実感することが多い」

これが〝おもてなし〟の国の内実である。望まれているのは、永住を前提としない安価な労働力でしかない。生身の人間が日本社会の新たな構成員となることなど、政府も経済界も考えてはいない。そもそも労働力を増やすことに躍起となっても、政府は一貫して「移民」の存在を認めようとしないのだ。外国人労働者は単なる雇用の調整弁だ。

これまで取材現場で目にしてきたさまざまな風景がよみがえる。

私は九〇年代末から外国人労働者の取材を続けているが、浮かびあがってくる問題は何も変わらない。労働力を踏みたおす経営者がいて、人間としての存在を認められない外国人労働者がいて、そして、それを許容する政府と日本社会がある。従順にしていれば地域の祭りくらいには呼んでもらえるが、権利を主張すれば〝治安〟の観点から厄介者扱いされる。

「ここは日本だ」「日本が嫌ならば国へ帰れ」「外国人は権利を制限されても当然だ」――。こうした言葉がどれだけ多くの外国人にぶつけられたことだろう。ご都合主義の極みではないか。

それはそのまま、いま、日本をじわじわと侵食している排外主義の風景と重なる。

排除の対象にされるのは、ニューカマーの外国人労働者だけではない。同じ言葉を、いや、罵倒を、古くから日本で暮らす外国籍住民、海外にルーツを持つ人々は、さらに激しく浴びせられている。

今日もデマに基づいた差別と中傷が各所で飛びかう。

とくにひどいのがネット言論だ。

ネット上にあふれるデマ情報を鵜呑みにした者たちによって、ヘイトスピーチが生まれる。ネットは常識的な言葉よりも、常識を超えた物言いにこそ客が付く媒体だ。より刺激的で、勢いがあり、さらに悪意に満ちた書きこみが、精査を受けることなく〝拡散〟される。

取材の過程で差別を生きがいとするような多くの〝自称愛国者〟と会ってきたが、彼ら彼女らの言葉から垣間見えるのは、「ネットで真実」ともいうべき〝ヘイトの回路〟である。

「在日（コリアン）は生活保護を優先的に受給できる」「在日は税金を払わない」「在日は通名と本名を使いわけて、犯罪歴を抹消できる」

このような〝在日特権〟なるヨタを真顔で私に訴える者たちは、根拠を問われると、かならず次のように答えるのだ。

「ネットにそう書いてある」

なかには、在日は水道光熱費を免除されているのだと本気で信じている者もいた。

こうした人々に共通するのは社会的階層でも属性でも年齢でもなく、あるいはネットを「使いこなす」スキルでもない。ネット情報だけを無条件に〝信じる力〟である。

二〇一八年の世相を一文字であらわす毎年恒例の「今年の漢字」は「災」だった。数多くの災害の経験から全国的に防災意識が高まり、多くの人が自助、共助の大切さを再認識したことが選ばれた理由だというが、私には違った風景も見えてくる。

地震が起きるたびに、ネット上では「外国人が空き巣に向かっている」「外国人が井戸に毒を投げいれた」といった書きこみが増える。関東大震災直後、朝鮮人虐殺の時代から、日本社会は変わっていない。水害に見舞われた地域では、ネットの書きこみを信じた者たちによって自警団結成の動きまであった。災いは直接の被災者だけでなく、マイノリティにも向けられている。

さらに問題なのは、マイノリティへの差別と偏見を煽ることに、影響力のある政治家や著名人が加担しているといった点にあろう。

たとえば、自衛隊機が韓国軍からレーザー照射されたとされる事件で揺れた一九年初頭。ベストセラー作家の百田尚樹氏はTwitterに次のように書きこんだ。

〈はっきり言います！ 韓国という国はクズです！ もちろん国民も！〉

こうした剝きだしのヘイトが一部で絶賛されるのが、日本という国である。しかも、これほどの民族差別が書きこまれても、Twitter Japanは何の措置も取らない。ついでに言及すれば、こうした人物の書いた本をネット上でわざわざ宣伝しているのが、我が国の首相である。

本書のタイトルをもじれば、まさに「歪んだ」風景しか立ちあがってこない。

いったい、なぜ、こんな社会になってしまったのか。どうすればいいのか。そんな思いで、今回、倉橋耕平さんと顔を合わせた。

倉橋さんは「知」に満ちた人だ。優れた分析力と豊かな語彙を持っている。歴史の文脈に沿って、社会の問題点を指摘する力量はたいしたものだ。おまけに礼儀正しい好青年とくれば、私ごときが太刀打ちできるわけもない。実際、対談というよりも、私が聞き手に回るべきだと、会った瞬間から悟ることになった。

ふむふむと頷きながら、膝を手で打ち、そしてますます倉橋さんへの信頼を強めた。

だが、知性と人柄だけが倉橋さんの持ち味ではなかった。

倉橋さんは、自身の友人に向けられたヘイトスピーチが、この問題に関わるきっかけだったと話した。そのとき、理知と快活で武装したようないつもの表情が、一瞬、曇った。苦痛と憤りの表情が垣間見えた。

おそらく、そうしたエピソードを抱えていようといまいと、倉橋さんは差別も排外主義も許さない、いまの倉橋さんであったと思う。

だが、冷静さを保とうとしながら、それを抑制できずに感情の揺れを隠せなかった倉橋さんに、私はあまりに泥臭くて青い、彼の素顔を見たような気がした。

世間の空気に希釈されない倉橋さんの言葉の強みは、たぶん、そうした「情」をまとっているからなのだろうなあと思った。

私は、ますます彼が好きになった。

読者のみなさんも、そうした倉橋さんの一面をも知ることになったのではないか。

倉橋さんと話を重ねながら、私は自らの立ち位置を考えた。あなたはどうするのか――つねに問いかけられているような気持ちにもなった。

社会の「歪み」は、排除されようとしている人々の慟哭《どうこく》でもある。

だからいまは、どれだけ手垢の付いた言葉であっても、繰りかえすしかない。

これ以上、壊されてたまるか。社会も、地域も、そこで暮らす人々も。

憎悪の火を囲んで踊りつづける者たちに、私たちはきちんと示さなければならない。真っ当な怒りと、真っ当な情と、そして冷静な知識を抱えて。

私はそのことを倉橋さんに教えてもらったような気がする。

本書を上梓するにあたっては、編集者の谷川茂さん、版元である論創社のみなさんをはじめ、多くの関係者からお力添えをいただいた。深く感謝したい。

（二〇一九年一月五日）

安田浩一（やすだ・こういち）
1964年、静岡県生まれ。ジャーナリスト。雑誌記者を経て2001年よりフリーに。事件や労働問題などを中心に取材・執筆活動を続ける。『ネットと愛国』（講談社）で第34回講談社ノンフィクション賞受賞。「ルポ外国人『隷属』労働者」で第46回大宅壮一ノンフィクション賞（雑誌部門）を受賞。著書に『学校では教えてくれない差別と排除の話』（皓星社）、『「右翼」の戦後史』（講談社現代新書）など。

倉橋耕平（くらはし・こうへい）
1982年、愛知県生まれ。社会学者。関西大学大学院社会学研究科博士後期課程修了。博士（社会学）。立命館大学ほか非常勤講師。専攻は社会学・メディア文化論・ジェンダー論。2018年２月に『歴史修正主義とサブカルチャー』（青弓社）を刊行。共編著に『ジェンダーとセクシュアリティ』（昭和堂）、共著に『現代フェミニズムのエシックス』（青弓社）など。

歪む社会
——歴史修正主義の台頭と虚妄の愛国に抗う——

2019年2月10日　初版第１刷発行

著　者　安田浩一・倉橋耕平
発行者　森下紀夫
発行所　論創社
　　　　東京都千代田区神田神保町 2-23　北井ビル
　　　　電話　03（3264）5254　振替口座　00160-1-155266

カバーデザイン・イラスト　小林義郎
本文デザイン・組版　アジュール
印刷・製本　精文堂印刷株式会社

ISBN 978-4-8460-1791-0 C0036